本书为广西民族大学民族学一流学科基金资助项目

传统与现代

贵港龙井村田野考察

黎　莹　梁晓兰　著

中国·广州

图书在版编目（CIP）数据

传统与现代 ： 贵港龙井村田野考察 / 黎莹， 梁晓兰
著. -- 广州 ： 暨南大学出版社， 2025. 7.
ISBN 978-7-5668-4154-4

Ⅰ. K296.75

中国国家版本馆 CIP 数据核字第 20258SP889 号

传统与现代：贵港龙井村田野考察

CHUANTONG YU XIANDAI：GUIGANG LONGJINGCUN TIANYE KAOCHA

著　者：黎　莹　梁晓兰

出 版 人：阳　翼
责任编辑：詹建林
责任校对：孙劭贤　杨柳牧菁
责任印制：周一丹　郑玉婷

出版发行：暨南大学出版社（511434）
电　　话：总编室（8620）31105261
营销部（8620）37331682　37331689
传　　真：（8620）31105289（办公室）　37331684（营销部）
网　　址：http：//www.jnupress.com
排　　版：广州市新晨文化发展有限公司
印　　刷：广州市友盛彩印有限公司
开　　本：787mm × 1092mm　1/16
印　　张：14.25
字　　数：295 千
版　　次：2025 年 7 月第 1 版
印　　次：2025 年 7 月第 1 次
定　　价：68.00 元

2024 年 3 月，贵港市委宣传部黄锦锋部长（左三）到龙井村调研创建全国文明城市工作，港北区委宣传部黄科泉部长（右二）陪同

2022 年 10 月，港北区人大常委会主任陈魁元（右二）到龙井村人大片区联络站调研，街道办人大主席廖森海（左二）陪同

2022 年 2 月，时任广西壮族自治区政协副主席黄世勇（前排）到龙井村指导乡村振兴工作，港北区委书记黄英梅（左一）陪同

2018 年 4 月，贵港市民委原主任磨敏嫦（前排左三）到龙井村调研民族团结工作

2019 年 4 月，时任贵港市市长农融（前排左二）到龙井村参加壮族“三月三”节庆活动，区委书记玉彤（前排右二）陪同

2016 年 4 月，台湾同胞到龙井村参加壮族“三月三”节庆活动时与龙井村妇女合影

2018 年 4 月，台湾花莲县瑞穗乡乡长陈进光（右一）到龙井村参加壮族“三月三”节庆活动，贵港市领导农卓松（中）陪同

梁世辉，龙井村上龙屯人，2015 年任广西壮族自治区桂林市象山区武装部部长，2020 年任广西壮族自治区桂林市工商联主席

陈杰，龙井村护龙屯人，广西工商职业技术学院原院长

陈鋆，龙井村护龙屯人，2011 年毕业于清华大学，后赴美国哥伦比亚大学攻读硕士学位，现就职于美国

陈喜志，龙井村护龙屯人，龙井村原党委书记、村委会主任，多次参加区党代会、区人大会议等

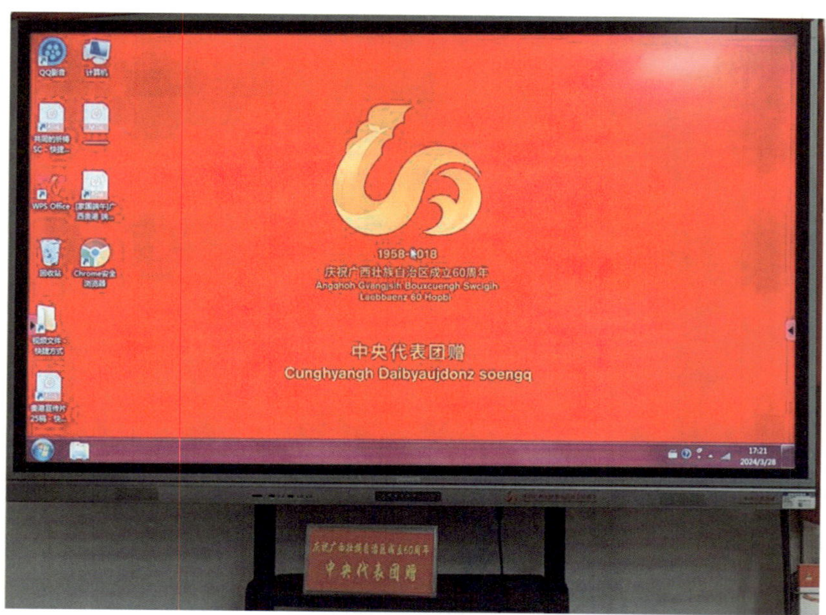

2018 年 12 月，中央代表团赠送龙井村 85 寸电视机

第六届全国文明村镇（2020 年）

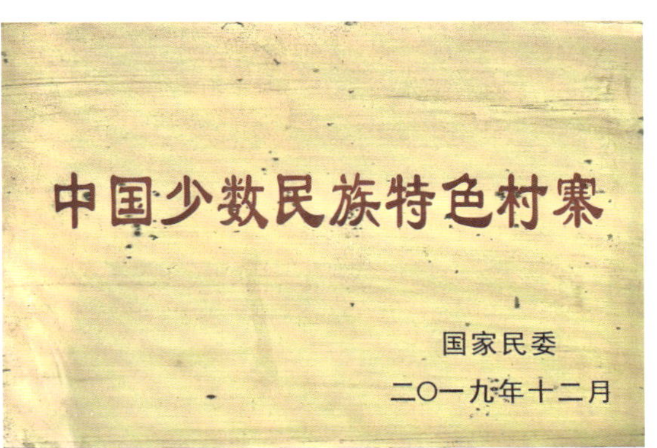

中国少数民族特色村寨（2019 年）

全国计划生育协会工作先进单位（2011—2015 年度）

全国民族团结进步模范集体（2014 年）

全国妇联基层组织建设示范村（2011 年）

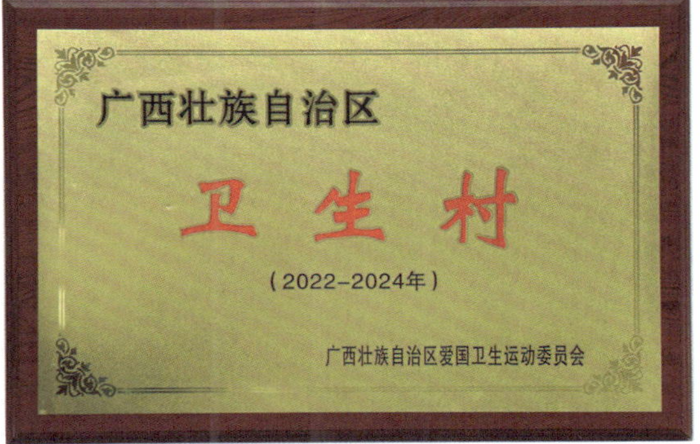

自治区卫生村（2022—2024 年）

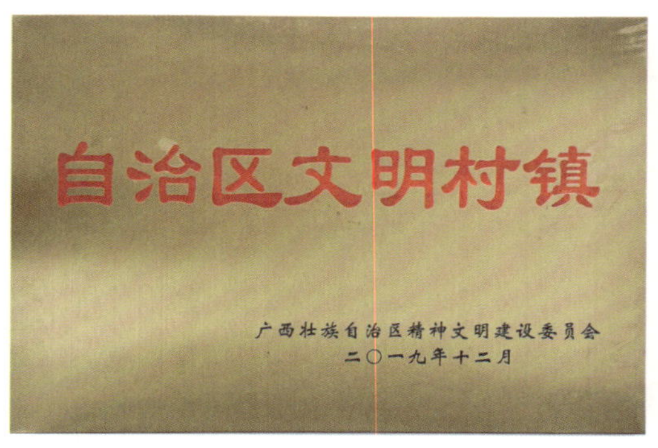

自治区文明村镇（2019 年）

自治区无邪教村（2019 年）

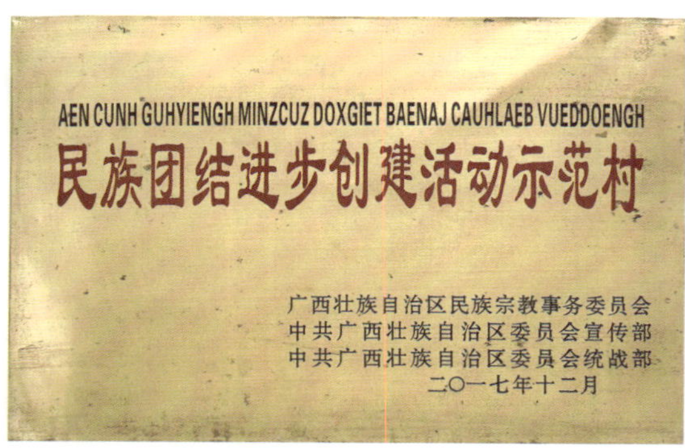

自治区民族团结进步创建活动示范村（2017 年）

“美丽广西” 乡村建设示范村（2016 年）

自治区先进基层党组织（2016 年）

自治区民族团结进步模范集体（2013 年）

全区基层低保规范化建设先进单位（2009 年）

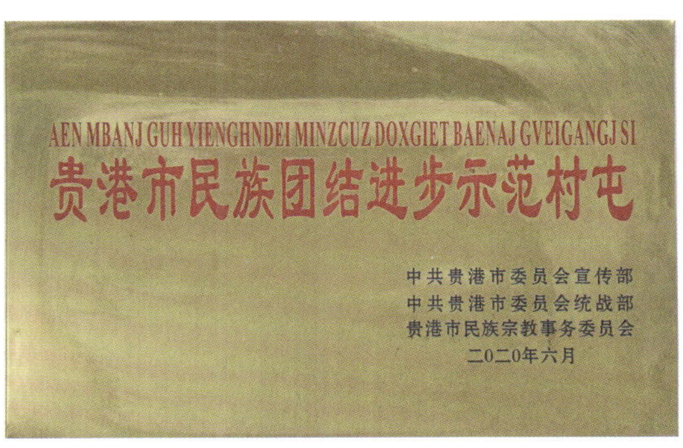

贵港市民族团结进步示范村屯（2020 年）

贵港市第九批文明村（社区）（2017 年）

贵港市生态村（2017 年）

荷城十大最美乡村提名奖（2015 年）

2009 年度人口和计划生育工作先进村（居）委会（2010 年）

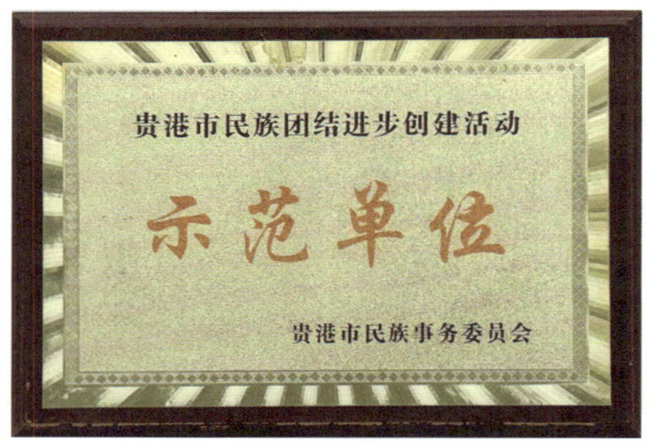

贵港市民族团结进步创建活动示范单位

自治区五星级党组织（2018 年）

近年龙井村获得的部分荣誉（《贵港日报》记者陈榕玲　摄影）

序言

一方水土养育一方人。贵港市是一座具有两千多年历史的古郡，人杰地灵。龙井村位于贵港市城区北郊，在莲花山脉脚下，距离城区约5千米，北环路从辖区内穿过，交通便利。龙井村是一个典型的壮汉杂居村落，其中壮族人口约占七成。早在明末清初，中原地区的汉族人民迁徙至贵港地区，与贵港的壮族人民交流、融合，至今已有300多年的历史。

龙井村分上龙、护龙、双井三个自然屯。关于龙井村的由来，当地流传着一个美丽的传说。相传古代天宫派两条龙——一条青龙一条黄龙下凡造福人间。两条龙分别来到龙井村的上龙屯和护龙屯（两个屯名由此而来），但是此地缺水，于是两条龙向天宫禀告后，在双井屯（另一个屯名由此而来）点了两处水井，一处用于灌溉，一处用于饮用，从此村民不再为水而发愁。两条龙分别栖身于两处水井中，给水源带来了灵气。井水甘甜，女子饮用此水后变得健康美丽，男子饮用此水后变得强壮结实，于是村里就有了“龙藏仙井”的故事，龙井村的村名也由此而来。

龙井村文化底蕴丰厚，展现着一道道独特的民族风景线。独特之一，穿戴以蓝为美。男女喜穿蓝色平民衫，妇女喜裹蓝头巾。时过境迁，他们依然保留着传统的装扮，古朴大方，清新自然。独特之二，古居建筑美。龙井村保留有陈氏古居建筑群，建于明末清初，古宅整体用石柱、青砖、铜瓷瓦、杉木等材料建造而成，既有壮族本身特色又有浙江地区两进式风格，还兼有岭南地区特有的浮雕建筑特点。独特之三，壮族山歌美。村民喜唱山歌，以本地平话为主，朗朗上口，其中，“壮族哭嫁歌”于2008年被列入广西壮族自治区非物质文化遗产名录，“蓝衣山歌”于2012年被列入贵港市非物质文化遗产名录。独特之四，同心展示厅美。2012年，龙井村自发筹建民俗文化博物馆——同心展示厅，每一件展品均来自民众，洋溢着浓郁的壮族文化气息。

龙井村注重乡风文明建设，积极培育文明乡风、良好家风、淳朴民风。亮点之一，社会风气“正”。龙井村坚持“三引领”，即坚持党的政策引领、社会主义核心价值观引领以及科学知识引领。深入开展习近平新时代中国特色社会主义思想主题教育，引导广大群众听党话、感党恩、跟党走，倡导文明、健康、绿色、环保的生活方式，破除封建守旧思想，保持向上向善的好传统。亮点之二，文明新风“立”。把社会主义核心价值观融入村规民约，进一步健全完善村规民约和村民议事会、道德评议会、红白理事会、禁毒禁赌会和移风易俗劝导队等群众组织，引导农民破除陈规陋习，使农民群众内心有尺度、行为有准则。2017 年以来，龙井村内发生的矛盾纠纷均得到有效调解，真正做到了“小事不出屯，大事不出村”。亮点之三，精神生活“富”。龙井村高度重视思想道德建设，在村委会建立一面模范形象墙，通过评典型、赞典型与学典型，弘扬传统美德，引导广大农民群众见贤思齐，营造崇德向善、文明和谐的良好氛围。亮点之四，志愿品牌“亮”。龙井村先后成立理论宣讲、文化娱乐、助老扶幼、爱国卫生 4 支志愿服务队，注册志愿者 150 余人，每月至少开展一次文明实践活动。2020 年以来，共开展理论宣讲、文艺演出、教育服务、疫情防控、亲情关爱、平安建设等各类志愿服务活动 50 多场次，参与活动志愿者 1200 余人次，服务群众约 1 万人次。亮点之五，载体平台“活”。龙井村依托文化资源优势，成立有广场舞队、八音队、醒狮队、篮球队等文体队伍，成员总计 60 余人。全村现有 2 个文化活动中心、4 个篮球场、2 间农家书屋。龙井村广泛开展“我们的节日”主题活动，平均每年举办文艺晚会 5 场；每逢“三月三”节日，举办“百家宴”，促进民族团结，弘扬传统民俗文化；建设壮族文化传承培训基地，共有 3600 多册藏书和 400 多件民族文化物品，免费供群众参观学习。

承前启后，忆苦思甜，共创未来。《传统与现代：贵港龙井村田野考察》一书的面世，将会让更多的人走进龙井村，了解龙井村，激发龙井村人知家乡、爱家乡、建家乡的热情，为早日把龙井村建设成共同富裕的新农村而不断奋斗！

陈喜志

2024 年 12 月 12 日

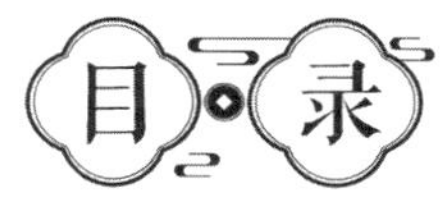

Contents

001 序　言

001 第一编　概况

004 **第一章　自然环境**

004 第一节　地理位置、面积与地形地貌

004 第二节　地质、土壤

005 第三节　气候、植被与自然灾害

006 **第二章　行政划分**

006 第一节　行政村

007 第二节　基层组织

017 **第三章　基础设施**

017 第一节　道路

018 第二节　引水、饮水

020 第三节　排污工程

021 第四节　用电、电信

022 第五节　学校和师资

024 第六节　医疗点

025 第七节　其他公共设施

028 **第四章　社会和谐与文化建设**

028 第一节　从屯际矛盾到屯际团结

029 第二节　文化传承

035 第三节　文化影响

043 第四节 产业发展

047 第二编 历史文化

048 **第一章 地方历史**

048 第一节 清朝

049 第二节 民国时期

049 第三节 中华人民共和国成立后

057 **第二章 主要姓氏**

057 第一节 陈氏

059 第二节 戴氏

061 第三节 甘氏

063 第四节 梁氏

065 第五节 萧氏

066 第六节 周氏

067 第七节 张氏

071 第八节 黄氏

074 第九节 岑氏

075 **第三章 语言**

075 第一节 主要类型

076 第二节 语言应用

078 **第四章 族际通婚与经济关系**

078 第一节 族际通婚

079 第二节 经济关系

080 **第五章 政治关系**

080 第一节 优惠政策

080 第二节 参政议政

081 第三编 风俗习惯

082 **第一章 生活习俗**

082 第一节 饮食

083　第二节　居住

084　第三节　服饰

086　第四节　岁时习俗

089　**第二章　礼仪习俗**

089　第一节　求子嗣与禁忌

090　第二节　降生与贺生礼俗

092　第三节　养育方式

093　第四节　拜认干亲

093　第五节　寿礼

094　**第三章　婚礼习俗**

094　第一节　相亲与婚礼准备

095　第二节　婚礼仪式

097　**第四章　葬礼与祭祀习俗**

097　第一节　葬礼准备

098　第二节　仪式过程

100　第三节　出殡

100　第四节　其他葬礼习俗

101　第五节　祭祀仪式

104　**第五章　娱乐习俗**

104　第一节　山歌

124　第二节　壮族哭嫁歌

125　第三节　百家宴

128　第四节　竹竿舞

129　第五节　舞狮

131　第四编　经济生活

132　**第一章　农业经济**

132　第一节　新中国成立前的农业经济

134　第二节　改革开放前的农业经济

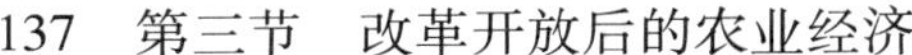

137 第三节 改革开放后的农业经济

142 **第二章 林业经济**

142 第一节 山林概况

142 第二节 山林的发展历程

146 **第三章 养殖经济**

146 第一节 养猪

149 第二节 养牛

151 第三节 其他养殖

153 **第四章 传统商业与集体经济**

153 第一节 传统商业

154 第二节 集体经济

158 **第五章 国家扶持政策**

158 第一节 就业扶贫

158 第二节 产业奖补

158 第三节 就业补助

159 第四节 社会救济

161 第五编 社会发展

162 **第一章 婚姻家庭**

162 第一节 婚姻

167 第二节 家庭

171 **第二章 政府组织**

171 第一节 基层党支部

174 第二节 村民委员会

175 第三节 妇女联合会

176 第四节 团支部

177 第五节 民兵营

177 第六节 治保会

179　**第三章　村民自治**
179　第一节　龙井村村民议事会
180　第二节　龙井村村规民约起草小组
181　第三节　红白理事会
183　第四节　龙井村禁毒禁赌会
184　第五节　龙井村移风易俗劝导队
186　**第四章　文化教育**
186　第一节　学校教育
190　第二节　家庭教育
193　第三节　社会教育
197　**第五章　人物**
197　第一节　党、政、军界人员名单
201　第二节　经济界人员名单
202　第三节　文教、卫生、科技界人员名单
204　第四节　劳动模范、先进人员名单
205　第五节　山歌队人员名单
206　第六节　师剧队人员名单
206　第七节　“壮族哭嫁歌”传承人名单
207　附　录
218　后　记

第一编

概况

龙井村是广西壮族自治区贵港市港北区港城街道下辖村，位于贵港市城区北面，东临贵港北出口，西与来宾路相接，北靠莲花山脉，南接北环路，共管辖上龙屯、护龙屯、双井屯3个自然屯及13个村民小组。截至2021年底，龙井村共有1108户村民，总人口4198人，其中壮族3148人，约占总人口的75%。全村耕地面积1400亩，山林8500亩。2021年，村民人均收入23660元。同年，村中集体经济的收入总计13.68万元，引进企业投资总计800万元。

龙井村为汉族和壮族的聚居地，文化底蕴深厚，流传着富有壮族婚嫁文化气息的“哭嫁歌”，距今已有两百多年的历史。2008年，“壮族哭嫁歌”被确定为自治区级非物质文化遗产。村内保存有建筑面积7000多平方米的清朝古民居建筑群。在这里，村民团结互助、和谐相处，民族习俗互融互通，共同谱写了新时代民族团结发展的模范篇章。2014年9月，龙井村获评全国民族团结进步模范集体，村委会主任陈喜志进京领奖，并得到了习近平总书记等党和国家领导人的亲切接见。2017年，龙井村荣获自治区第二批“民族团结进步创建活动示范村”称号。2018年龙井村农家书屋被评为“第七届全国服务农民、服务基层文化建设先进集体”。2019年获2016—2018年全区无邪教创建“三十百千”工程活动“无邪教村”、“中国少数民族特色村寨”、“自治区文明村镇”等称号。在庆祝广西壮族自治区成立60周年的活动中，时任中央书记处书记、统战部部长尤权率中央代表团到龙井村进行慰问活动，给予龙井村建设工作充分

图1-1 龙井村村口

肯定和好评。2020 年入选第六届“全国文明村镇”名单。2021 年获许贵港市科普示范村建设，并被选为港北区红领巾校外活动基地。2021 年 7 月 11 日，自治区文明委下发《关于推广乡风文明建设先进典型好经验好做法的通知》，向全自治区推广乡风文明建设十大先进典型案例，港北区港城街道龙井村的经验做法位列其中，成为贵港市唯一获选的案例。2022 年龙井村入选自治区第二批“民族团结进步创建活动示范村”。2023 年龙井村获评广西壮族自治区新时代文明实践阵地示范站；同年 12 月，龙井村荣获“广西壮族自治区卫生村”称号。

图 1－2　2020 年 11 月，龙井村入选“全国文明村镇”名单

第一章　自然环境

第一节　地理位置、面积与地形地貌

龙井村距离城区约5千米，苍硕高速位于其北部，北环路从辖区内穿过，道路四通八达，交通便利。龙井村三个屯大致自西向东分布，最西边为上龙屯、中间为护龙屯、较东边为双井屯，总面积约25平方千米。北部主要为山地、丘陵，南部主要为平原，地势整体呈北高南低的特点。北部山地、丘陵主要种植林木，南部平原是村民住址和农业灌溉区。龙井村河水资源丰富，村内主要有两条河流经过，一条为东博江，另一条为丈八河。东博江起源于石佳水库，从龙井村流出，经富岭、平富，最后汇入西江；丈八河源于石牛水库水系，自西向东流经龙井村的上龙屯和护龙屯南部，满足了上龙屯、护龙屯村民的农业用水需求。此外，龙井村的地下水丰富，还有石佳水库和水塔各一个，水塔成为村民饮用水的主要来源之一。

图1-3　东博江龙井段

第二节　地质、土壤

龙井村为山地地形，属于喀斯特地貌，村内山岭的地质岩层主要为沉积岩，为地层出露分布。地质岩石均属于寒武纪、泥盆纪和石炭纪时期沉积形成的砂页岩，也有少量埋藏在地底下的石灰岩。当地土壤以砂页岩风化后形成的水稻土、赤红壤和冲积土为主。

第三节　气候、植被与自然灾害

一、气候

龙井村地处低纬度，居北回归线以南，属亚热带季风气候区。夏季多东南风，带来海洋暖湿气流，高湿多雨，季风气候显著，春暖秋凉，夏季漫长而炎热，冬季短暂且寒冷，四季分明，年平均气温 21.6℃，干湿季划分明显。日照时间 1502 小时，年均无霜期 353 天。上半年光能分布少，下半年光能分布多，每年的 1 月至 4 月为低值期，7 月至 9 月为高值期。主要原因是每年 2 月至 4 月，暖冷空气在华南地区上空交汇，阴雨天气多；7 月至 8 月多晴天，光能资源达到一年的峰值。下半年的降水量达到一年中最大值，占全年降水量的四分之三左右。年均降雨 164 天，年均降雨量 1428 毫米。

二、植被

龙井村的丘陵山岭植被以松树林、桉树林和杉木为主，有少量灌木，还有少量油茶，树林下有蕨类、细毛鸭嘴草、算盘子、山芝麻、桃金娘等。丰富的降水和充足的光照条件，有利于农作物的生长，同时也给当地村民的生产生活提供了便利。

三、主要自然灾害

龙井村四季均有旱、水、风、冻、雹、震、虫等灾害发生，其中旱灾、水灾较严重。由于干湿季节分明，旱季时期降水稀少，光照强烈，植被存活不易，农作物的存活率降低。加上近年来土地荒漠化加快，植被面积逐渐减少，灾害性天气频繁出现。此外，由于雨季降水量大，超过了农作物对水资源的需求，农作物容易涝死。农作物产量减少，从而导致村民的收入随之减少。

1983 年，龙井村气候严酷，发生了严重的旱灾。由于土壤水分不足，农作物水分平衡遭到破坏，导致大量减产，龙井村的粮食问题极其严峻。为了解决旱灾所带来的系列问题，村民们纷纷赶到水库抽水，将水库的水引到田里，有的村民甚至用棉被吸水抗旱。经过大家的不懈努力，龙井村的损失降低，旱灾有所缓解。2022 年，龙井村遭遇了小型洪涝，植被被洪水淹没数小时，但没有造成严重的经济损失。

第二章 行政划分

第一节 行政村

清代以里图作为行政区划，龙井村此时隶属郭北一里。民国二十二年（1933），里图区划改编为区乡，龙井村并入棉村乡，属城厢区管辖。1959 年人民公社建制，历经几次分小变大，龙井村从棉村乡划分出来，并入三龙大队，属附城公社管辖。1984 年公社管委会改为乡、镇人民政府，大队改为行政村，龙井村属附城乡管辖。1995 年，贵港市由县级市升为地级市，龙井村从三龙村划分出来，成为行政村，仍属港城镇管辖。2017 年设港城街道，现龙井村村民委员会属港城街道办事处管辖。

图 1－4 龙井村委会全景（来源：广西新闻网）

龙井村委办公楼暨上龙屯文化活动中心，于2012年1月6日动工，2012年10月30日竣工使用。大院及门前道路占地面积1930.9平方米，其中上龙屯集体用地1521.3平方米无偿提供给村委使用，村委另征用409.6平方米。该办公楼建筑面积560平方米，该工程（包括主体楼、室内装修、围墙、篮球场、舞台、文化长廊、大门、台凳）总投资约126万元，其中自治区民委55万元，港北区委政府5万元、港北区委组织部5万元，港城镇政府33万元，港城镇计生站4000元，村集体23万元，群众捐款45576元。

第二节 基层组织

一、党组织

（一）三级联动治理体系

龙井村党委非常重视组织建设。1987年7月，成立中共龙井村党支部，2015年6月成立龙井村党委，下设4个支部，分别为上龙屯党支部、第一党支部、第二党支部和双井屯党支部。党组织通过创新实施“村党委—屯党支部（党小组）—党员中心户”三级联动治理体系，把党员先锋带头作用发挥起来，将广大村民参与乡村治理的积极性充分调动起来。

第一，村党委积极做好党支部建设，要求实施分标立项“五个好”，即支部班子好、党员管理好、制度执行好、作用发挥好和组织生活好。在工作方面强化考核评定，强化责任落实，强化宣传引导。同时，要求党员努力践行“四个意识”，做到“四讲四有”，即讲政治、讲规矩、讲道德、讲奉献，有信念、有纪律、有品行、有作为。每次开展活动要求有“学、查、交、说”四个规定动作，“学”即学习党章党规，学习系列重要讲话；“查”即对标看齐，找自己与他人的差距，支部要对照“五个好”，党员对照“四讲四有”找差距，列出问题清单，提出整改措施；“交”即自觉、按时、足额交纳党费；“说”即在每次党日活动中发表自己的感言。

第二，党小组发挥着重要的引领作用。龙井村实行“一组两会”协商自治机制，运作管理方式是由党小组引领，随后进行民主决策，再进行民主管理，最后是监督、评价与反馈。具体而言，由党小组带领半数以上的户主或村民联名提议，再召开户主（代）会对提议进行表决，得出的决议结果先由理事会组织志愿服务队执行落实，最后再将决议结果、决议实施结果向村民进行公示，接受村民的监督，听取村民的评价与反馈。

第三，党员中心户发挥着搭建党群连心桥的作用。在村落治理方面，党员中心户向上联系着党支部，向下联系着村民。通过建立“党员中心户”机制，在农户中设立党员中心户，每个党员中心户联系 10～15 户农户。党员中心户主要负责宣传党的政策、民事调解、事务代办、环境治理和网格管理等。

龙井村党委实行“五年一换届”制度，每一次换届后村党委都会制定好村内党组织未来五年的任期目标。在 2021—2025 年的任期目标中，龙井村党委坚持以党的十九大会议精神和习近平总书记系列重要讲话及建党 100 周年的重要讲话精神为指导，按照“产业兴旺、生态宜居、乡风文明、治理有效、生活富裕的乡村振兴战略”的总要求，把龙井村建设成为全国文明村、富裕村、和谐村，使全村农民人均纯收入、村集体经济、村容村貌、村民素质、村风民俗、社会秩序、村组干部公认程度在全街道领先，努力推动全村经济社会发展，各项事业一年一个新变化，五年实现大跨越。具体任务目标如下：

其一，在政权组织方面，继续强化龙井村基层政权建设，完善村内基层政权组织。进一步夯实“两委”班子建设，发挥其在社会主义新农村建设中的巨大潜能，求真务实、脚踏实地，带领全体村民致富奔小康，实现共同富裕。

其二，在党组织建设方面，加强党委组织各成员的思想政治建设和作风建设，加强对党员的教育培训工作，加强党员自身的综合素质，认真开展党组织星级文明管理和党员积分化管理。保持每年培养 3～4 名入党积极分子，发展 1～2 名新党员，并从村里党员中培养年轻村级后备干部，力争在五年内培养出 3 名以上年轻后备干部。积极开展各项主题学习教育活动，每年开展 2 次以上慰问困难党员活动，提高党组织的凝聚力和战斗力。

图 1－5 龙井村党委 2020 年春节前夕慰问退役军人黄金容（左图）、戴书恒（右图）

其三，在基础设施建设方面，不断推进村内公路等建设，抓好农业产业结构调整，发展高效经济作物生产。积极争取上级支持，继续完善村级基础设施建设；继续开展乡村振兴建设，打造双井屯乡村振兴精品示范点，着力完善全村村容村貌。

其四，在发展经济方面，进一步提高土地利用效率，制订本村新农村建设规划，创办和壮大村集体经济实体。

其五，在村级事务方面，积极推行党务、村务、财务公开制度，进一步完善和巩固村民自治。积极开展医疗保险、养老保险工作，建立健全社会保障体系。按时、按质完成上级党委、政府交予的各项任务。

（二）党员

截至2022年底，龙井村共有党员106人，预备党员1人。从人数分布看，上龙屯党支部28人、双井屯党支部7人，护龙屯党支部72人。从性别分布看，男性党员74名，女性党员33名。从文化水平分布看，小学文化3人，初中文化59人，高中或中专文化20人，大专文化20人，本科文化5人。党员名单如表1－1所示：

表1－1　2022年龙井村党员名单

姓名	性别	民族	姓名	性别	民族	姓名	性别	民族	姓名	性别	民族
萧承泽	男	汉	陈喜亮	男	壮	甘继荣	男	汉	陈建东	男	壮
周福光	男	汉	陈建新	男	壮	周新富	男	汉	陈建全	男	壮
萧兆海	男	汉	陈建明	男	壮	萧承鑫	男	汉	陈忠英	男	壮
甘继龄	男	汉	陈诗遐	女	壮	萧媛	女	汉	覃星卫	女	壮
梁标国	男	汉	覃爱娟	女	壮	萧霞	女	汉	陈龙贵	男	壮
黄晓云	女	汉	陈永生	男	壮	萧德勇	男	壮	张芳勇	男	壮
梁世文	男	汉	张芳猛	男	壮	梁丽珍	女	壮	黄福宝	男	壮
覃远娇	女	壮	戴桂珍	女	汉	萧树秀	男	汉	黄世龙	男	壮
李美珍	女	壮	黄家宝	男	壮	梁梦云	女	汉	陈良忠	男	壮
萧德业	男	壮	陈良峰	男	壮	萧承勇	男	汉	陈美娟	女	壮
萧承荫	男	汉	陈启昌	男	壮	萧永权	男	汉	陈朝辉	男	壮
萧永益	男	汉	陈继兴	男	壮	梁海林	男	汉	陈迎杰	男	壮
梁建宝	男	汉	何燕珍	女	壮	甘觉图	男	汉	刘结美	女	壮
韦爱花	女	壮	韦结梅	女	壮	戴仕标	男	汉	陈仙凤	女	壮
戴书恒	男	汉	黄秋兰	女	汉	萧琛	男	汉	陈亮	男	壮
梁丽群	女	汉	陈结凤	女	壮	陈柳娇	女	壮	陈达尧	男	壮

（续上表）

姓名	性别	民族	姓名	性别	民族	姓名	性别	民族	姓名	性别	民族
周昆俭	男	汉	陈达茂	男	壮	陈喜志	男	壮	苏克英	女	壮
张正梅	女	汉	陈恩健	男	壮	钟燕桃	女	壮	张瑞斌	男	壮
陈进善	男	壮	黄影霞	女	瑶	陈进成	男	壮	张瑞贤	男	壮
陈庆高	男	壮	张瑞进	男	壮	陈凤	女	壮	张永富	男	壮
陈振贵	男	壮	张永海	男	壮	刘水妹	女	壮	凌明	男	壮
陈庆良	男	壮	张寿强	男	壮	陈进明	男	壮	张瑞芝	男	壮
陈进劲	男	壮	陈达盛	男	壮	黄金辉	男	壮	刘美娇	女	壮
黄桂金	女	壮	陈恩智	男	壮	黄金容	男	壮	姚静雁	女	汉
黄金伦	男	壮	张莎莎	女	壮	陈汉龙	男	壮	梁幼莲	女	壮
陈昶勤	男	壮	陈水杏	女	壮	陈喜强	男	壮			
黄达辉	男	壮	戴书明	男	汉	陈起华	男	壮			

（三）优秀党员

根据党员的思想政治表现、年度工作业绩、日常表现等方面的综合表现，通过加分、扣分，再根据得分情况评定星级，最终选出优秀党员。主要流程由党员自评、党支部审核、亮分公示、基层党委复核和党支部确定构成：

第一步，党员自评。在每季度第一个月的党员活动固定日，党员按照评分标准，对照自身上一季度的表现开展自评，有加分项目的党员，个人需要提供佐证材料。

第二步，党支部审核。党支部审核由党员提交的量化考核计分情况，有设立党小组的，先由党小组提出意见，再由党支部进行审核。

第三步，亮分公示。党支部在党务公开栏公示党员季度加减分和年度量化考核计分，公示期五天。在公示期间对公示结果有异议的，由党支部进行核实后向党员群众反馈最新结果。若公示结果无异议，党支部将党员量化考核计分统一上报给上一级基层党委进行复核。

第四步，基层党委复核。对党员量化考核计分进行复核，重点对年度量化考核计分在 90 分以上（不含 90 分）和 75 分以下（不含 75 分），或加减分幅度较大的党员进行复核把关。

第五步，基层党委复核后将结果反馈给党支部，并由党支部确定最终的党员星级。

在村委会公告栏处张贴着部分优秀党员简介，他们在平凡岗位上努力工作，为龙井村的发展做出了贡献，对其他党员也有激励作用。具体案例如下：

陈喜志，男，壮族，高中文化，1959年11月出生。1998年9月入党，对党忠诚，着重培养干部，积极宣传民族政策，重视民族团结工作。办事公平、公正、公开；努力为群众办好事，办实事。几年来，积极向上级争取资金硬化村道12公里，修桥6座，架设太阳能路灯628盏，建设三面光水渠15公里，安排贫困户就业，让“党员”这一光荣称号在自己身上闪耀发光。

甘继龄，男，汉族，初中文化，1957年3月出生。2000年11月入党，曾任村党委书记，在任期间，勤奋敬业。退休后，继续以党员标准严格要求自己，以饱满的工作热情、扎实的工作作风，大力支持村“两委”工作，为村中发展献计献策，发挥余热，积极主动，不计得失，为群众办实事，充分发挥了一名党员的政治热情和聪明才智。

李美珍，女，壮族，初中文化，1957年10月出生。1996年10月入党，坚定理想和信念，以饱满的工作热情、扎实的工作作风，支持村“两委”的工作，与人为善，关心帮助困难群众，急群众所急，脚踏实地为民办事，不断满足群众需求，深受村民的高度好评。

梁丽珍，女，壮族，初中文化，1967年4月出生。2012年6月入党，作为一名党员，时时处处以党员标准严格要求自己，团结邻里，和睦共处，善于帮助别人，作为“哭嫁歌”传承人，她热心组织山歌队，传授民俗文化，把爱心献给群众，把丹心留给党。

周福光，男，汉族，初中文化，1961年12月出生。1996年12月入党，坚定党的立场，把党组织建设作为工作的切入点，树立为村民服务的思想，想群众所想，急群众所急，办群众所需。在处理纠纷中，公平、正义，狠抓发展和稳定，深受广大群众喜爱。

陈建明，男，壮族，初中文化，1962年3月出生。2004年6月入党后，对自己的要求更高，积极主动地学习党章党规，提高自己的思想素质，树立正确的世界观、人生观，坚持全心全意为人民服务的宗旨，热心为村中发展献计献策，把自己所掌握的技术毫无保留地传授给别人，成为龙井村群众致富奔小康的楷模。

戴书恒，男，汉族，小学文化，1938年10月出生。1966年8月入党，用一个共产党员的准则衡量自己，争做党员先锋模范。积极参加“美丽广西·宜居乡村”活动，义务为村中打扫卫生。朴实无华的语言，透露出他在我们心中的分量，也彰显了一名优秀党员平凡而光荣的奉献。

梁世文，男，汉族，高中文化，1954年8月出生。1993年11月入党，对党和祖国无比热爱，充满理想和信念，充分发挥自己在村务管理方面的积极作用，秉公办事，廉洁监督，使龙井村实现办事、建设、发展的规范化管理，推进了龙井村的民主制度建设，深受群众赞扬。

上龙屯萧兆海，1961 年 6 月入党　　双井屯戴书恒，1966 年 8 月入党

护龙屯陈启昌，1972 年 8 月入党　　护龙屯黄金辉，1972 年 8 月入党

图 1－6　龙井村荣获“光荣在党 50 年”纪念章的老党员

此外，村中有多名高党龄老党员，其中有 4 名老党员分别于 2021 年、2022 年荣获中央组织部颁发的“光荣在党 50 年”纪念章。

（四）村代表

除担任村干部外，部分党员还作为各类代表出席相关重大会议，为让村民过上美好生活而共同努力。以下是龙井村代表名单：

港城镇人大代表：陈启昌　陈念信　戴书周　戴承才　甘继龄　陈喜志　陈建国

萧树秀　韦旭群　吴金莲　戴仕标

贵港市人大代表：刘月球

港北区人大代表：陈喜志　萧承才　黄晓业　岑引丽　张瑞进

港城镇党代表：陈启昌　萧承才　陈喜志　甘继龄　陈建新　陈进成　陈进善　萧承泽　戴书明　钟燕桃　覃远娇　陈凤　陈建明　李美珍　陈庆高　戴仕标

港北区党代表：萧承才　陈启昌　陈喜志

港北区妇女代表：李美珍　钟燕桃　戴桂珍　刘水妹　曾连娣

港北区人民法院陪审员：陈喜志　陈凤　覃远娇

二、妇女联合会

龙井村妇女联合会的主要工作内容是：向村中妇女宣传国家的各项方针、政策；鼓励村中妇女就业和创业，并做出指导；开展各项评比活动，宣传家庭和睦、男女平等思想；维护村中妇女及儿童权益，对家庭困难妇女以及留守儿童加以关怀和帮助；关心妇女家庭问题，协助调解妇女家庭矛盾、纠纷，及时制止辱骂、虐待妇女和儿童的行为，必要时为妇女及儿童提供法律援助。

图 1－7　2023 年龙井村妇女联合会参与港北区妇联、荷城社会工作服务中心举办的良好婚姻家庭关系建设主题活动

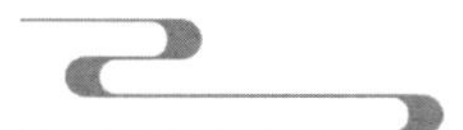

龙井村妇女联合会实行“五年一换届”制度，每届选出30名妇女代表，在妇女代表中通过差额选举的方式选举出11名执行委员，再从执行委员名单里通过差额选举选出主席、副主席。龙井村妇女代表以及妇女联合会成员有不同的民族成份和政治面貌，但是她们都为了龙井村妇女事业的发展尽职尽责，竭力维护龙井村妇女的各项权益。2021年龙井村妇女联合会换届选举妇女代表名单和执行委员名单如表1－2和表1－3所示：

表1－2　2021年龙井村妇女联合会换届选举妇女代表名单

姓名	民族	政治面貌	姓名	民族	政治面貌
钟燕桃	壮	党员	覃远娇	壮	党员
刘美娇	壮	党员	梁幼莲	壮	群众
刘少彦	汉	群众	萧程	壮	群众
覃容珍	汉	群众	陈凤	壮	党员
周雪芬	汉	群众	覃星卫	壮	党员
黄爱奎	壮	群众	黄幼容	汉	群众
梁爱月	壮	群众	宋育英	汉	群众
梁丽珍	汉	党员	萧礼平	汉	群众
萧翠平	汉	群众	韦惠荫	壮	群众
谭玉献	壮	群众	覃秀丽	壮	群众
刘洁美	壮	群众	蒙福欢	壮	群众
林进凤	壮	群众	谢海青	壮	群众
凌木兰	汉	群众	覃惠	汉	群众
黄晓云	汉	党员	黄爱平	壮	群众
黄柳结	壮	群众	韦爱花	汉	党员

表1－3　2021年龙井村妇女联合会换届选举执行委员名单

姓名	民族	政治面貌	姓名	民族	政治面貌
钟燕桃	壮	党员	覃远娇	汉	党员
刘美娇	壮	党员	梁幼莲	壮	群众
刘少彦	汉	群众	萧程	壮	群众
覃容珍	汉	群众	陈凤	壮	党员
周雪芬	汉	群众	覃星卫	壮	党员
梁爱月	壮	群众			

三、村民议事会

龙井村村民议事会主要工作内容是：讨论决定村民代表大会授权的涉及全体村民利益的重大问题；定期听取和审议村委会的工作报告，监督村委会执行村民代表大会、村民议事会的决议；听取村委会的工作汇报，听取意见和建议，协助村务监督委员会对村支两委成员进行民主评议和民主监督；广泛听取和收集群众意见和建议，及时向党支部、村委会反映村民的意愿和要求；协助村监督委员会监督村民委员会依法管理村集体所有土地、林地、水利设施和其他公共财产，监督村集体财务收支及使用情况。

村民议事会工作的开展必须遵循以下原则：符合党和国家的政策、法令和地方性政策的规定；开展的工作要有利于社会发展和社会稳定；体现村民自治，符合本村实际和大多数群众的利益；村民议事会成员每年需接受一次村民代表会议所进行的民主评议，连续两年被评议为不称职的成员，将自动终止在村民议事会的职务；本村 1/5 以上有选举权的村民或 1/3 以上的村民代表联名，即可提出更换村民议事会成员的要求。龙井村根据相关章程制定出适合本村村民议事会的施行方法，严格按照相关要求执行，具体步骤如下：

第一，村民议事会会议由议事会主任负责主持召开，每季度召开一次。如果有特殊情况，可根据实际情况临时召开，会议议题由村党组织、村民委员会、村民议事会成员或五分之一以上的村民联名提出，由村党组织书记把关。

第二，召开会议必须有三分之二的议事会成员赞成，才能生效。对争议较大的议题，应提交村民会议（村民代表会议期间）表决。村民议事会召集的所有会议允许村民列席旁听，但旁听人没有发言权和表决权。

第三，村民议事会会议由议事会主任主持，主持人宣布会议制度，分配发言，提请表决，维持秩序，执行程序，主持人在主持期间不得发表意见，不得总结议事会成员的发言。

第四，会议讨论内容应当有一个或几个明确的议题，议题必须具体、明确、可操作。

第五，发言人要遵守会场纪律，对会议议题应表明赞成或反对，说明理由，讨论问题不能跑题。

第六，主持人应尽可能让不同意见的发言人轮流发言，以便充分听取意见和建议。

第七，主持人提议举手表决时，主持人最后表决。

四、村民小组

在农业合作化时期，为促进生产发展，加快经济建设，龙井村共组建了 13 个生产队。在各队长的带领下，各生产队团结协作，使龙井村的经济得到了快速发展。以下是龙井村生产队自 1962 年成立以来各生产队队长的名单：

1 队：甘延禄　萧承德　萧绍真　萧兆海　甘继荣

2 队：萧以义　梁世才　甘有进　甘继龄　萧承泽

3 队：萧以枝　萧承林　萧承才　萧树秀　萧承仕　萧承荫

4 队：甘少栋　梁炳礼　梁世文　梁海林

5 队：陈庆绍　陈庆禧　黄金辉　陈庆辉　陈进成

6 队：黄世德　黄世新　黄达明

7 队：陈念光　陈作胜　陈建新　陈作椿

8 队：陈秋明　陈现中　黄福宝　黄世龙

9 队：陈尚伦　陈庆光　陈继勇　陈继兆　陈良峰

10 队：陈迎宝　陈裕德　陈新业　陈达雄　张寿能　陈善德

11 队：陈恩荣　陈恩书　凌峪梅　张寿强　张瑞宁

12 队：戴书周　戴仕标　戴任香

13 队：戴书选　戴书球　戴书明　戴信香　戴月伦

五、其他基层组织

龙井村还有其他基层组织建设，如村民代表大会、道德评议会、禁毒禁赌会、移风易俗劝导队等。此外，龙井村设立了一次性告知制度、办事公开制度、岗位职责制度、红白事工作制度、林长制工作会议制度、林长制信息上报工作制度、林长重大问题报告制度、“四议四公开”民主决策制度等各种工作制度及村规民约。每一项工作都有相应的制度和评议会，每一次评议会都有相应的负责人负责对应的工作，坚持把工作落实到每一件事、每一个人，既提高了工作效率，也增强了村民的生活幸福感。

第三章　基础设施

龙井村扎实推进“美丽广西·宜居乡村”建设，持续开展农村人居环境整治，打造生态宜居环境。通过加强统筹和科学规划，组织编制了《龙井村村庄空间规划编制》《龙井村双井屯村庄建设规划》及重点节点设计等，使村庄建设明方向、有目标，有规可依。经过全体村民的共同努力，龙井村的乡村建设行动成效明显。自 2020 年以来，在路、桥、水、电、通信、广播、电视、网络、视频监控、农业生产等基础设施方面都取得了可喜成绩。

第一节　道路

龙井村重视道路建设，积极推进全国文明乡村建设。以前，龙井村交通闭塞，村民出行不便。由于没有铺设道路，村民外出只能行走于羊肠小路，雨季时小路泥泞不堪，龙井村年轻人戏称这是真正的“水泥路”。20 世纪 90 年代，龙井村（上龙屯）村民在村委和各党员组织下，以原生产队（1～4 队）为小组，由组长带队，各家各户至少派出 1 名劳动力，自带簸箕、扁担、铲子或锄头等工具，修缮村中大道和进城道路，到东博江边挑江石头铺路等，大大改善了村里的道路设施。但是由于年久，每到雨天，道路就非常泥泞。至 20 世纪 90 年代末 21 世纪初，村里筹建了水泥路，出村进城大道也铺了石子路，道路得到了较好的改善。不久后，村道和进城大道逐渐改造为硬化水泥路。其中，村里的社公坛，上社和下社的水泥硬化初次改造是以萧承光为首的年轻人带领村民出钱出力修整的，并于路旁种上玉兰花、树木等。

近年来龙井村着手集资扩建和新建村屯道路。2005 年，龙井村开始建设村内道路，建成主干道一条；2011 年，已经建成多条道路；2018 年，为庆祝广西壮族自治区成立 60 周年，以政府补贴出资等方式，从北环路进入新村委至上龙屯原村口大榕树下，修建了沥青路，并且绿化、美化了这一路的村容村貌；2020 年，村内道路基本建设完成。2005—2020 年，龙井村累计投资 504 万元硬化村屯道路 12 千米，现已建成硬化村屯道路主干道 15 千米，主要道路硬化率 100%。至 2022 年，实现全村道路平整、硬化、无积水、无积存垃圾，路面清洁，排水通畅，路灯设置合理。同时，龙井村投资 71 万

元，建成桥梁6座。新桥的建成，减少了村民过桥的安全隐患，村民不用再绕远路而行，为村民的出行提供了便利。

道路建设的发展促进了运输工具的革新。改革开放前，龙井村的运输工具单一，扁担是村民最重要的运输工具，挑运粮物主要靠肩挑步行。如果路途远或货量大，村民就改用马车或牛车。至二十世纪八九十年代，自行车开始逐渐走进龙井村，成为村中最时尚的交通工具。当时一辆永久牌或凤凰牌的自行车定价为175元，相当于一头两百斤肉猪的价钱。由于受到经济发展水平和资源供应不足等条件限制，仅有少数村民能够凭“购车票”采购到自行车。新娘要是能够得到一辆永久牌或凤凰牌自行车作为定亲或陪嫁礼物，在龙井村可谓一件十分光彩的事。至21世纪初，自行车已在村中普及，村民骑自行车赶圩进城，还能搬运禾把、稻谷、柴木、化肥、水泥等小件货物，十分方便。后来摩托车和电动车也逐渐流行，许多村民赶圩进城的交通工具由原来的自行车变为摩托车和电动车。如今，随着家庭收入水平的明显提高，汽车已经走进村民家中，给村民带来了更多的便利。近几年，从贵港市高铁站至中里或奇石的公共汽车途经龙井村上龙屯的西边路，给村中不方便用自己交通工具出行的村民尤其是老年人带来很大的便利。

此外，龙井村的农用交通工具也得到了迅速推广。20世纪80年代，生产队开始购买小型拖拉机，至90年代，一些村民带头购买了中型拖拉机或农用汽车，运输日常的粮食、化肥、水泥、红砖、钢材、瓷砖、门窗等，甚至跑省际长途物流。90年代至21世纪初，龙井村里农忙农用交通工具依旧以牛车为主，部分用斗车（手推两轮车）。随着电动车、摩托车的普及，拖拉稻谷等农活也逐渐使用电动车、摩托车等。

第二节 引水、饮水

一、引水工程

龙井村修建引水工程主要源于农田灌溉的需求。作为当地的特色产业之一，水稻种植受到村民的高度重视。修建灌溉设施前，由于水流不通畅，到了农忙时期，村民只能到水田轮值守夜。修建灌溉设施后，水流通畅，村民自然免去了在水田守夜的烦恼。修建成的蓝田水库和村内的石佳水库也为龙井村农田的灌溉提供了充足的水源。至2018年，龙井村实现灌溉范围全覆盖。为了进一步改善农田灌溉条件，龙井村累计投资800万元，建成三面光水渠15千米。2023年，获港北区人民政府审批，获自治区乡村振兴资金的补助，在历时20天后，龙井村护龙屯5队长1062米的水利工程竣工。三面光水渠建成后，给流经的田地带来了丰富的水资源。同时，村里投资23万元，加固除险石佳水库；投资4.8万元，维修堤坝两座，建设有15米长的排洪口，使排洪河道通畅，减少了安全隐患，为村民安全提供了有力保障。

在建成三面光水渠、水路之前，每逢农时，村委会都会用广播通知生产队各户至少派出1名劳力，带上铲子或锄头，在队长的带领下从水库源头开始修水利，以确保水流到田间，保证农时灌溉。

二、饮水工程

建设饮水安全工程，主要表现为新建设备房，安装净水设备，以地下水为水源，为整个龙井村输送安全饮用水。从20世纪80年代开始，村民到周边的山沟挖井，寻找地下水和山泉水饮用。

以前，龙井村的上龙屯、护龙屯、双井屯的村里或村边靠近小溪处有人工挖建的露天老井，每家每户都到老井挑水饮用；二十世纪七八十年代开始，逐渐兴起在自家庭院通过人工和机器挖井，并盖上井盖，使用人工按压取水，没有挖井的人家就近去有水井的人家挑水使用。秋季干旱，地势较高的人家的水井经常无水或很难按压取水，全村人就会集中到地势较低的人家里按压取水、挑水，或者就近去露天老井挑水饮用。雨季时，很多户人家的井水受雨水影响而变浑浊，大伙也会去井水不浑浊的人家里挑水。为了让百姓饮用到干净、卫生的自来水，在港北区水利局的监督和自治区的财政补助下，龙井村开始建设饮水安全工程，在村委办公楼前修建水塔，于2008年7月筹资动工，2009年5月竣工投入使用。新建设备房一间、安装净水设备一套。饮水安全工程的建设成果丰硕，村内打井户数、建水柜户数、建水窖户数、饮用山泉水户数全部归零，安全饮水达标率100%，全部村民均可饮用到干净的自来水。同时，对饮水安全设备设立“三个负责”，实行逐级管理，每一级均有相应的负责人，负责定时对水源地和净水设备进行检查和维护，有效防止突发情况影响村民的日常用水与饮水安全。村委会将“三个负责”具体内容、负责人的联系方式及职责等进行了公布，以利于村民遇到问题时能及时找到相关负责人，提高了办事效率。

第三节 排污工程

在实施排污工程前，村民采用传统的水沟进行排水排污。快到过年的时候，村民才陆续自发清理自家门前及附近道路的水沟。水沟随着使用时间的增加，其中的淤泥也逐渐增多，排水排污能力下降。污水不能及时排出导致水沟发臭，严重影响村民生活和村容村貌。按照农村环境整治“一拆二改三治四化”的工作思路，龙井村聚焦农村生活垃圾治理、农村生活污水治理、“三清三拆”、乡村风貌提升及长效机制建设等内容。2019年8月，龙井村排污工程正式启动，同年11月建成。至2020年，龙井村进行排污管道的全面铺设，农户覆盖率达90%以上。排污管道的建成，既加快了村里污水的排放速度，又有效避免了水沟被淤泥堵塞或者发臭的情况发生。

图1－8 龙井村排污管道的修建

图1－9 龙井村村民积极参与清除垃圾污物工作

排污工程的完成，使村内的卫生环境得到改善，还增强了村民爱文明、讲卫生的意识。龙井村委会针对环境卫生、室内卫生、食品卫生、公共卫生方面作出了明示，积极鼓励龙井村村民按照明示文件内容推进卫生事业的发展。其一，在环境卫生方面，要求村民及时清除垃圾污物，填平坑洼积水场所，无果壳纸屑、烟蒂痰迹，有垃圾密闭容器，做到垃圾定点倾倒，露天垃圾堆放整齐，无卫生死角。其二，在室内卫生方面，室内走廊、过道、楼梯、墙面、地面清洁，窗明几净，无积尘蛛网，无废弃物，办公用品放置有序，厕所实行水冲式，无垢、无臭、无蝇蛆，无便盆满溢，卫生设施配备整齐。其三，在食品卫生方面，单位食堂卫生管理规范，从业人员体检、培训到位，食具严格消毒，防鼠、防蝇、防病、防尘设备齐全，各类定型包装食品有生产日期、保存日期和保质期，禁止出售腐败变质食品。其四，在公共卫生方面，空气质量、采光、噪声、水质符合国家标准，对公共物品进行严格消毒。

第四节　用电、电信

一、用电

1974 年，龙井村添置第一台变压器，实现全村通电。截至 2022 年，龙井村共有 9 台 400 千瓦变压器为村民提供用电，充分满足了全村的用电需求。

二、电信

以前，龙井村的村民主要靠写信与外地亲友联系，遇到紧急的事情需要到贵县（今贵港市）邮电局打长途电话或者发电报。1968 年初，护龙屯的陈成贤从在南宁工作的哥哥手中转让得到了一部半新的交流电收音机；同年 9 月，贵县广播站通过电话线路开通县与大队的有线广播。1969 年，大队广播站接通了各生产队农户安装的喇叭，村民从此可以在自家门口收听到国内新闻广播。20 世纪 70 年代，龙井村开通了乡镇电话，但仅在大队设有一部农用电话机。

改革开放以后，电信事业发展较快。20 世纪 80 年代初，护龙屯的陈汉龙购买了村里第一台黑白电视机。1984 年，护龙屯村民陈作梯花费 8000 元买了村里第一部手提电话；陈建国花费 7000 元安装了村里第一部程控电话机。1996 年 8 月，龙井村开通闭路电视，用户共 970 户。此后，龙井村逐渐步入现代电信时代，至 2007 年，龙井村拥有彩色电视机 890 多台，同时实现全村电话全覆盖。一些村民在外打工的同时，不忘给在家的父母亲安装电话。2014 年，村内实现网络全覆盖。如今，智能手机颇为流行，村民习惯使用微信视频或短信相互问候沟通，现代通信技术成为村民生活中不可缺少的一部分。

第五节　学校和师资

新中国成立初期，龙井村尚未设有学校，适龄儿童只能到隔壁棉村读书。1955 年，护龙屯村民将陈氏祖祠改建为龙井小学。1978 年，龙井村隶属三龙大队，在村内建立双龙分校。1987 年 7 月，上龙屯村民自筹资金建立了上龙分校，任教老师除了几个公派教师外，其余教师全是上龙屯拥有高中文化的村民。1990 年 5 月，双井屯村民也自筹资金建立双井分校。2004 年，经过体制改革，地方教育部门将村内所有学校合并到龙井小学，主要为公办师资。2022 年，龙井小学共有在校生 421 人，教师 23 人。

图 1－10　龙井小学正门

图 1－11　龙井小学操场

为推进乡村建设，给村里孩子提供更好的学习环境，2004 年 7 月至 2021 年 9 月，龙井村村民多次募集资金，共投资 9.6 万元购买了 450 套学生桌椅支持学校，投资 3.6 万元建成篮球场 1 个。

图 1－12　2021 年 9 月，龙井村委带领村民为龙井小学筹集 280 套学生桌椅、支持购买学生民族服装资金 1 万元

图 1－13　2022 年，龙井村委为龙井小学捐赠图书 200 册

第六节 医疗点

新中国成立初期，龙井村仅有2位老医生，尚未设立医疗点。至1970年6月，村中开设了赤脚医生诊所。改革开放后，村里的个体医务所逐渐增多，形成了村落医疗网。1984年9月，护龙屯开设了首个个体诊所。2011年，上龙屯增设了第二个个体诊所。2016年10月，护龙屯增设了第三个个体诊所。2018年，双井屯建成了村级卫生所，为村民看病提供便利。至2022年底，全村共有4个诊所，其中个体诊所3个，村级诊所1个。

在当地人民政府关怀下，龙井村于2006年开始推行医疗保险制度。龙井村的村民每年仅需交纳少量费用，即可在定点医院、诊所治疗时获得一定比例的报销。至2017年，龙井村已有98%的村民购买医疗保险。

图1－14 龙井村2024年度医疗缴费推进会

一直以来，龙井村十分重视医疗卫生。新冠疫情暴发后，村中设立了重大动物疫病防控检查点，守住动物疫病传播的第一防线。通过张贴重大动物疫病防控宣传公告，提高村民对动物疫病的认识和预防。村干部定时到村中进行动物疫病防控巡查，对村中的猪栏等进行消毒。村委会及村民轮守村口，认真排查出入龙井村的流动人员，监督村民定时测量体温，详细记录测量体温表格，遇到发烧等相关症状的村民，及时上报并有效隔离安置等。

第七节　其他公共设施

龙井村在其他公共设施建设方面也取得了较大突破。为提升乡村风貌，双井屯开展了乡村风貌提升精品示范型整治，上龙屯、护龙屯实施乡村风貌提升基本整治，全村人居环境得到极大改善。

其一，房屋改造。实施“三清三拆”，综合整治，累计拆除泥头房、危旧房等 392 间共 13762 平方米，有效地整理、扩展村庄空间；其中，上龙屯共有 168 户房屋完成了改造。

其二，架设路灯。2014 年开始架设村内路灯，至 2022 年，全村共架设太阳能路灯 600 盏。另外，在操场加建了 20 盏路灯，为村民夜晚出行提供照明。

其三，筹建活动中心。龙井村公共服务中心是 2017 年自治区公共服务中心建设项目，位于龙井村双井屯，总投资 35 万元，其中自治区拨款 25 万元，市补助 5 万元，社会捐资 1. 2 万元，群众自筹 3. 8 万元，于 2017 年 9 月动工兴建，2017 年 11 月 30 日建设完工。建设了一幢综合楼，共两层，建筑面积 170 平方米，综合楼内设文化活动室、多媒体功能室（培训室）、图书阅览室等，还建设了一个标准篮球场，硬化面积 420 平方米（28 米 ×15 米），一个文艺舞台（10 米 ×6 米），组建了一支由 12 位村民组成的篮球队和一支由 12 位村民组成的文艺队。

图 1 – 15　龙井村文化活动中心及篮球场

此外，2010 年建成老人活动中心，为老年人提供活动场地。

其四，建设篮球场。村小学于 1974 年建立了首个篮球场；2012 年，村中共建设 5 个篮球场，除上述双井屯有 1 个外，上龙屯有 2 个，护龙屯有 2 个。农闲时，村委会在篮球场举行各类文娱活动，极大满足了村民的精神需求。

其五，厕所革命。脏臭的公共粪坑逐渐被清洁、干净的公共卫生间代替，中央财政总投入 30 万元资金，在上龙屯文化中心配套建设无害化卫生公厕一座。该公厕东西长 8 米，南北宽 4.1 米，阳台（洗手盆的墙面到台阶的距离）长 0.5 米，共 36.8 平方米，实际占地面积 32.8 平方米。村民对自家厕所进行了改建，至 2019 年，已全部完成农户改厕工程。

图 1-16　上龙屯无害化公共厕所

以上公共设施的改造，龙井村投入了较多心血和时间，同时也得到了政府的鼎力支持。以厕所革命为例，龙井村对户厕的建设、改造及维护都严格遵守相关要求。在户厕改造选址方面，卫生厕所的侧屋要求入户进院，在有条件和寒冷的地区应提供入室。化粪池选址应以确保村民安全为主，禁止靠近水体；化粪池尾水纳入农村生活污水处理系统或排入田地，禁止直接排入水体。厕所类型选择三格化粪池式厕所。同时，龙井村按照 1200 元/户的国家补助标准、“两池一洗”和“灰黑分流”的改造设施要求，对全村未达到无害化卫生厕所要求的户厕进行升级改造，完成户厕改造 99 户，整村无害化卫生厕所覆盖率达 97.6%；对上龙屯露天的污水管网实施升级改造，改造污水管网 558 米，根据农户排污需要和现场实际，全程分别使用了 DN300、DN400、DN500 的涵管并实行混凝土盖面硬化，设置检查井 13 座、雨水井 22 座；末端三格污水处理池 1 座，可容纳、处理污水 30 立方米，群众化粪池内排出的污水得到了二次处理，达到农田灌溉标准，通过水渠流到田间地头；消除露天渠带来的安全隐患，硬化拓宽路面，项目直接惠及群众共 221 户 1040 人。

厕所革命顺利完成后，龙井村委对使用和管理厕所卫生方面也作出明确规定，确保村民优质的生活环境。一是要保证无害化处理效果：生活污水（如洗澡水、洗衣水等）禁止进入化粪池。每隔半年或一年清理一次化粪池，清除的粪渣和粪皮要经高温堆肥法处理。二是保持清洁卫生：便后马上冲洗，经常打扫，保持清洁卫生，禁止将可能堵塞的杂物扔到化粪池，防止过粪管道被堵塞。三是保证安全：沼气池一旦进料后，不要轻易下池出料或检修。如需下池，禁止在出料后立即下池，确保做好相应的安全保护措施。禁止在沼气池或化粪池周围点火照明或吸烟。厕所革命实现了村民家中粪便无害化，大大改善了村民住房居家环境，减少了异味，提高了村民的生活质量；增强了村民的卫生意识，提高了村民的健康水平；消除了粪便污染，减少了霍乱、痢疾、伤寒性肝炎等肠道传染病和血吸虫、钩虫等寄生虫病。

第四章　社会和谐与文化建设

第一节　从屯际矛盾到屯际团结

1979 年，上龙屯与护龙屯的村民曾经发生过斗殴事件，主要源于某一山头的划界不明确。矛盾激化后，五年之内，双方村民不允许通婚，甚至断绝了日常往来，矛盾凸显。由于出行或到农田有一定的交叉公用道路，双方也避免不了碰面，总容易引发口角。孩子们也受影响，平常上山或到田里玩耍碰上对方村民就用方言对骂，甚至向对方扔石头等。夏天小孩喜欢到两个屯分界处的小溪游泳，双方孩子互相破坏水流，彼此都不得安宁。2001 年，时任村文书的陈喜志是护龙屯人，他主动向村支书出谋划策，认为只有从最简单的小事做起，才能慢慢化解两个屯之间的矛盾。首先，他做好护龙屯兄弟们的思想工作，他说："以前的事情都过去了，钱我出，大家都去上龙屯喝喜酒！"接下来，但凡上龙屯办喜事，他就自掏红包邀请 8～10 个兄弟同去祝贺。在陈喜志看来，屯际团结是最重要的，花钱是值得的。刚开始，护龙屯的村民来到上龙屯时略显尴尬，不知所措。很快地，他们发现上龙屯的村民格外热情，双方还喝了碰杯酒。就这样，两个屯的矛盾被化解，村民也恢复了日常来往，遇到红白喜事也能主动互助。直至今日，担任村书记的陈喜志对当年两个屯的关系如何从斗殴、绝交，到逐渐缓和，再到和谐团结的往事依然历历在目。他表示："礼尚往来是屯际团结的重要表现，这就是患难见真情，以后龙井村人要把这个传统传承下去。只有关系好了，咱们的基层工作才容易开展，龙井村才能走向繁荣。"如今，龙井村三个屯的各种红白喜事，村委会都会派人参与。

从 2015 年开始，龙井村每年都隆重地举办"三月三"文化节活动。当地的统战局、文旅局、外来单位、乡村贤人，无论在人力还是物力方面都给予了很大的支持与帮助。在活动现场，各屯村民团结一致，相互协作，共同接待外来客人，欢声笑语，共享百家宴，氛围融洽，勾勒出和谐团结的美丽画卷。

图 1－17　2023 年，龙井村举办的“三月三”百家宴现场

第二节　文化传承

一、陈氏古居

陈氏古居坐落在贵县郭北一里（今贵港市港城镇龙井村护龙屯），坐北向南，修建于明末清初，建筑面积约 1.1 万平方米，居住面积 8600 平方米，居住人口约 100 人。由陈魁文公的孙子陈国纬投资建设，广东省佛山市承建，资金来源于陈国纬的父亲陈念权在南洋（今新加坡）经营棉纱布匹生意所获得的收入，建设时耗资约 500 万元，相当于现在的 1 亿元以上。

图1-18　陈氏古居一角

图1-19　陈氏古居天井

陈氏古居富含文化内涵，所有建筑房屋均为上厅高于下厅的布局，寓意“步步高升”。大门通道均为向西方向通行，寓意“东成西就”。用石柱做成门框，寓意“丰衣足食”。屋前有一条水道营造“风水”，按桂林陈红谋古居图纸设计施工，每座古屋都有石雕、彩画等，彰显高雅与豪华。

二、文笔塔

图 1－20　龙井村文笔塔现状

文笔塔，是村民祭祀敬神的特殊场所，也是龙井村的一个地标。文笔塔至今已有四百多年的历史。文笔塔的主体是一座毛笔形状的建筑，笔直地矗立在地面上，从天空俯瞰，犹如一支大毛笔竖立于笔筒中，又犹如在书写着大地。因此，文笔塔被村民视为风水宝地，能够荫佑龙井村世代官星得禄。村民普遍认为，文笔塔如桌子上的笔砚，龙井村的位置如座椅，附近棉村的位置则如墨盘，文笔塔有着“读书上进之美好”的象征寓意。然而，在 1964 年，文笔塔被拆，原地一带被建成水库。周边有部队拉练路过，军官发现文笔塔被拆，也深感惋惜。三十年后，村民自发规划和筹资，在原地重建一个新地标，即如今的文笔塔。

三、山歌

在“文化大革命”时期，山歌在不同程度上遭到破坏。当时有明文规定禁止唱山歌，龙井村村民出于对山歌由衷的热爱就偷偷地唱。唱山歌几乎成了那个年代农闲时的主要娱乐活动。改革开放后，山歌重新走进了村民的日常生活。可惜的是，山歌的受众面明显缩小了，源于村民将精力主要放在经济建设上，山歌容易被忽视。直至 2003 年，在村委及热心村民的共同努力下，龙井村成立了山歌队，名气逐渐增大，特别是“壮族哭嫁歌”，2008 年被列入自治区级非物质文化遗产名录，有非遗传承人。山歌队多次登台表演，闯出村、闯出贵港，还闯到了全国其他省份。多方记者竞相采访报道，社会影响力扩大。在媒体的推动下，连台湾、香港、澳门的同胞对广西山歌也有了新的认识。

四、舞狮

舞狮是龙井村一项古老而传统的民间艺术。每逢正月初一，舞狮队敲锣打鼓地游村祭拜社公，其他村民紧随其后，并通过燃放鞭炮、点香等系列活动祭拜社公。舞狮队后由村民萧友全创新发展，队员主要为上龙屯村民。萧友全，上龙屯人，是村中公认的舞狮师傅，技艺精湛，其敲鼓节奏感好，音乐感强，力度恰好，敲鼓技术很专业，舞狮技能也非常好，他经常带头表演舞狮，被村民们尊称为"萧老师"。萧友全并没有接受传统的舞狮教育，而是凭借着热情和好奇自学成才。他对舞狮情有独钟，每当有舞狮表演总会到场观赏。在龙井村，舞狮这项技艺过去一直传男不传女，因为耗费体力，对女性是一个大挑战。如今任何对舞狮感兴趣的人都可以学习舞狮，可惜迄今还没有人能够真正掌握其精髓。

图 1－21　时年 82 岁的舞狮师傅萧友全（摄于 2021 年）

舞狮要求有六名队员协作，其中两人搬鼓，一人负责前面抬鼓，另一人在后边抬鼓并同时敲击。游行时，队员们有时还要一边搬鼓一边行进，并且持续敲击，这对体力要求颇高。另外，需要一名队员敲锣和一名队员打镲，还有两名舞狮者，分别扮演狮头和狮尾。队伍的特点主要体现在萧友全自创的鼓点和队员们之间的默契配合上。萧友全不仅要一边敲鼓一边观察舞狮者的步伐，还要指导他们按照节奏前行。过去，桂平等地的人们也会跨区来参与舞狮表演。龙井村舞狮队虽然是一支业余队伍，却因其特色而备受欢迎，经常受邀出演，出演频繁的时候一年有 40 多场。如逢年过节、各类红事白事、乔迁之喜、店铺开张等都经常被港城镇各村邀请前往表演舞狮。1995 年贵港市升为地级市，龙井舞狮队也受邀参与会演。2017 年，邻村的一家公司举办了一场盛大活动，邀请了十支舞狮队参与开幕式。起初，龙井村舞狮队对此有些忧虑，担心自己的鼓法比不上村外的水平，生怕在现场丢人。然而，当萧友全表演自创鼓点时，其他队伍却无法跟上他的鼓点，均赞叹龙井村舞狮队独具特色。龙井村的舞狮队也经常代表港北区参加比赛和活动，企业举办活动时也常

常邀请舞狮队出场，每人每次酬劳一般为250元。

逢年过节，有些主家为了营造热闹的氛围，便在高处悬挂银牌，并放入1个红包，需要舞狮者攀爬摘取。有些银牌悬挂得很高，需要队员们搭人塔（叠罗汉，一般为3层，最上一层是1～2个人）抢夺，而狮子则跟随鼓声，舞狮步爬上高处将银牌叼下来。银牌中的红包一般在两百元左右，富裕的家庭或封更大的红包，银牌本身也象征着家庭的财富，给予的多寡取决于家庭的财力。

五、师剧

师剧是龙井村一种古老而传统的民间艺术。这项艺术的复兴与创新，也是舞狮能手萧友全的杰作。萧友全自幼酷爱音乐，痴迷舞狮，以其音乐天赋和文化底蕴，结合粤曲与老百姓的故事，创新了独具特色的师剧剧本和唱腔，开创了龙井村独有的师剧风格。1980年，他组建了业余师剧队，队员们出于热爱，传承老百姓的心声与智慧，演绎出与地主斗智斗勇、读书奋斗出人头地、孝养父母等丰富多彩的励志故事。在春节期间，搭起戏台，唱起师词，成为村民们的传统习俗。20世纪80年代和90年代，师剧队的演出更是春节不可或缺的传统节目，吸引了邻村和兄弟村的村民前来观看。师剧队虽为业余，但每次演出都引发一片赞叹，媲美科班出身。师剧不仅传达了老百姓的情感，更展现了他们的智慧与生活态度。剧本有《双生贵子》《乞丐中状元》《梁山伯与祝英台》《破镜重圆》《墙（㙮）头记》等，其中《破镜重圆》改编自《双生贵子》，于2022年10月完成。除了本村会演外，邻村和其他地区也经常慕名邀请龙井村师剧队到村里唱师剧。随着师剧队原班人马年纪渐长，加上外嫁女不易聚集等原因，师剧队不容易组织起来。后来，有一定唱腔基础的外来媳妇加入师剧队，使其得以传承，可惜口音有些参差不齐。目前组织活动依然存在困难，主要因为组员忙于生计。

六、村晚

村晚，即“村里的春节联欢晚会”。刚开始由萧承光等一群上龙屯年轻人自发组织，连续于2000年、2001年在上龙屯义务举办了两届晚会，演员主要是各级在校生，包括幼儿园、小学生、初中生、高中生、中职生、大专生，以及打工的年轻人、热爱唱歌跳舞的其他村民等。节目形式有唱歌、舞蹈、小品、乐器表演等。晚会以现代舞台节目为主，为龙井村的文化活动注入了时代主题内容，受到了村民的普遍欢迎。

2010年，曾经受萧承光影响的在校大学生萧姚、甘玲、甘燕、梁晓兰、甘似金以

及甘增德、周昆俭、萧华、萧程、萧礼培、萧幼萍等年青一代又重新义务组织“村晚”，并拟定村晚初衷“小小的舞台，大大的梦想”，秉着“独乐乐不如众乐乐”的理念成功举办了以“绽放青春　引领未来”为主题的村晚。从此，村晚得到村民的人力、财力、物力的大力支持，广受好评。村晚从2010—2019年连续举办，演出人员主要为在校大学生、高中生，又有低年级学生被他们带领着参与演出，逐渐培养传承负责人。村晚节目也越来越丰富多彩，有唱歌、舞蹈、小品、乐器表演、话剧、三句半、军拳等。村晚从村民们抒发对春节的期待的一种临时演出，变成村民喜闻乐见的重要活动，又逐渐发展为龙井村新的文化传承。2020年村晚虽有筹备，但是由于疫情而遗憾地暂停。

七、其他文体活动

篮球赛事一直在龙井村盛行，一般春节期间会开展篮球比赛，以原生产队为小组开展友谊赛。赛事不仅活跃了春节喜庆热闹氛围，也增进了村民的情感交流。同时，也会邀请其他村来参与比赛，促进了村际交流。观看篮球赛也成为村民的一项文化体验。往年，以萧承光为首的年轻人还组织举办了两届运动会，包括篮球、排球、羽毛球、乒乓球、踢毽子、跳绳、拔河等多项有奖体育赛事。

2010—2019年，萧姚等组织村晚的成员在春节期间还义务组织有奖游园活动（如蒙眼敲鼓、立定投篮、抛圈套礼物等）和拔河比赛等，这些活动丰富了村民的文化生活，同时也活跃了春节的节日气氛，促进了村民的情感交流。

图1－22　龙井村篮球运动健儿切磋球技

第三节　文化影响

一、新闻媒体

对龙井村进行采访和报道最多的媒体是贵港市的新闻媒体。利用全国两会、建党纪念日、国庆、壮族的节日等契机，贵港市的新闻媒体经常来到龙井村搜集素材，通过电视、报刊、微信公众号、微博等媒体平台积极对外宣传。

二、教育基地

龙井村民俗文化博物馆——同心展示厅位于村委会大楼的二楼，修建于 2012 年，当时在自治区民委及地方政府的支持下，由村民自发筹建而成。展示厅的展品，每一件都来自群众，厅内有序地陈列着花轿、蓝衣、头巾、头饰、农耕器具等各种特色器物，将龙井村的民俗风情展露无遗。丰富的展品，吸引了周边小学师生慕名组织参观，他们将同心展示厅设为民俗风情教育基地。

布草鞋

饼模

茶壶

秤杆

葫芦

花窗

酒杯

酒罐

米斗

马灯

民国老式电话机

木刨

石秤砣

三角油灯

铜钱盘

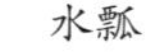

水瓢

药碾

绣球

鱼拎

油罐

竹酒壳　　　　织布工具

图 1－23　龙井村同心展示厅部分历史文物

图 1－24　2022 年贵港市红领巾校外活动基地（龙井村专场）

近五年的统计数据显示，龙井村平均每年接待前来参观的小学生约 7500 人次。“过门为客”，村干部和村民每次都很热情地接待他们，讲解员耐心地向他们介绍龙井村的发展历史、政治风采以及特色文化等。

村委会贴心地为小学生准备了专门的招待场所，让他们领略龙井村的独特美景，感受浓厚的民俗风情。一些小学带队教师明确表示：“龙井村已经成为我校学生必须参观学习的教育基地。”

图 1－25　龙井村同心展示厅一角

图 1－26　龙井村 2023 年“三月三”节庆活动工作部署会

三、文化旅游

龙井村最热闹的传统节日当数“三月三”文化节。届时，村委会提前规划与申请，并在获批后积极组织全村村民参与筹划与准备。2023 年龙井村举办的“三月三”节庆活动影响面较大，除了得到政府与媒体的大力支持外，还得到许多企业或个人的鼎力相助。

龙井村还特地邀请附近约 500 名村民参加活动。慕名而来的民众，主要包括城区居民、外地游客、专家学者、社区老人舞蹈队等，规模较大，热闹非凡。除了能感受壮族敬酒歌、竹竿舞、抛绣球、圆圈舞等民俗风情外，游客还可以免费品尝“百家宴”——壮族的传统美食。

图 1－27　龙井村 2023 年“三月三”节庆活动“百家宴”现场

四、社会好评

在党组织与村委会的带领下，龙井村收获了多个荣誉。2013 年，龙井村被评为“广西壮族自治区民族团结进步模范集体”。2014 年，龙井村荣获第六次“全国民族团结进步模范集体”称号，村委主任陈喜志进京领奖，并得到了习近平总书记等国家领导人的亲切接见。2017 年，龙井村荣获广西壮族自治区第二批“民族团结进步创建活动示范村”称号。2018 年，龙井村农家书屋入选“第七届全国服务农民、服务基层文化建设先进集体”名单。2019 年，龙井村获 2016—2018 年全区无邪教创建“三十百千”工程活动“无邪教村”、“中国少数民族特色村寨”等称号。在庆祝广西壮族自治区成立 60 周年的系列活动中，中央书记处书记、统战部部长尤权率中央代表团到龙井村进行慰问活动，龙井村的发展得到了领导的充分肯定。龙井村还荣获了“全国文明村镇”“自治区文明村镇”“贵港市第九批文明村（社区）”“贵港市民族团结进步示范村屯”“贵港市乡风文明村”等称号。陈喜志认为：“龙井村不单靠民俗风情出名，还要靠民族团结出名，今后要走民族团结的特色文旅之路。”

图 1－28　2022 年中共港北区委宣传部到龙井村开展铸牢中华民族共同体意识宣传活动

图 1－29　2022 年国庆节龙井村村民用壮语歌唱《我和我的祖国》

第四节　产业发展

一、种植业

龙井村积极推动特色产业的可持续发展，按照“长短结合，种养结合”的方式，积极打造区级“5”特色产业和村级“3”特色产业，将特色产业覆盖率保持在 90% 以上。

区级“5”特色产业分别为：优质水稻、花生大豆、中药材、叶菜类和鸡。通过落实以奖代补的扶持政策，全村重点发展区级“5”特色产业，形成“规模大，品质优，品牌强，销路好”的优势特色产业。

村级“3”特色产业分别为：优质水稻、玉米和圣女果。村委及村民重视培育特色产业，为了培育出更好的水稻，龙井村专门制定了《春种春播意见文件》和《水稻早育稀植栽培技术指导文件》，其中，水稻栽培的意见包括苗床地的选择与栽培、苗床制作、播种、苗床管理、移栽、肥水管理、病虫害防治等。在大家的共同努力下，水稻长势良好。经过土地整改和保护，村民相继开发了玉米、圣女果等种植基地，市场潜力较大。

图 1－30　龙井村大力发展玉米种植基地

图 1－31 “龙荟花世界”开心农场圣女果基地

图 1－32 龙井村藕塘

除了发展特色产业外，龙井村还保持了广西传统的农产品种植。村民喜种甘蔗、蔬菜、荔枝、龙眼等。村民还对新品种农作物种植进行探索，2000 年，在深入调查研究基础上，龙井村决定发动村民种植马铃薯和秋冬蔬菜，每年种植马铃薯 200 多亩，蔬菜 80 多亩，总产值 30 多万元。龙井村充分发挥地处城郊的优势，发展现代农业，建成了面积约 250 亩的无公害蔬菜种植基地。

自 2005 年起，村民大力种植速生桉，至 2022 年底，全村种植面积 2500 多亩，年产值 5 万多元。速生桉的种植带动了木片加工业的发展，已有 13 家木片加工厂在龙井村安营扎寨，每年带动了 200 多人就业。同时，村民积极利用山地，大量种植松树经济林，总计 7500 多亩。村民引进采割松脂产业，2022 年总产值 120 多万元。此外，引进的页岩红砖厂带动了 60 多人就业。

二、养殖业

肉类商品有猪肉、鸡肉等，村民常在自家设养猪圈，圈养生猪。大部分村民还饲养鸡、鸭等禽类，产下的蛋类一般留作自家食用，不作为商品对外售卖。

图 1－33 龙井村大力发展土鸡养殖业

三、手工业

图 1－34　龙井村门红

门红是龙井村世代相传的手工艺品，充分体现了当地的民俗风情。门红，即挂在正门中央的红布，上面写有祥瑞欢庆的诗句，寓意“喜庆吉祥”。因此，门红通常用于喜事，如婚礼、满月酒、进新居、升学宴等。

门红也作为一种商品在市场上流通。普通价格 500 ~ 600 元/条，龙井村每年至少能卖出 20 条门红，总收入上万元。购买者以附近村民为主，也有外地人员。贵港举办喜事，尤其婚娶喜酒通常在农历八月到十二月，因此，秋冬季节为门红销售旺季。

图 1－35　龙井村妇女手工制作门红

第二编 历史文化

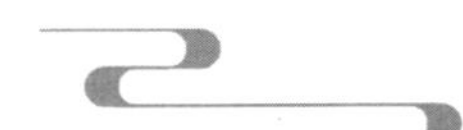

第一章　地方历史

第一节　清朝

清朝初年，当地壮族山歌兴起。

清朝初年，双井屯戴氏祖祠开基筹建，三年后的冬季竣工。

康熙年间，上龙屯萧氏始祖惠深公的十世后人冲汉公从贵县上埠迁至龙井村居住。

康熙年间，双井屯戴氏先祖维袖公在广东东莞以商业发家，维袖公后代经石牌、玉林、桥圩等地迁至龙井村居住。

雍正八年（1730 年），护龙屯陈氏古建筑群义兴堂建成。

雍正十年（1732 年），护龙屯陈氏先祖陈广详率兄弟前往南洋、香港办厂置业。

乾隆十九年（1754 年），护龙屯陈氏祖祠竣工。

乾隆年间，同心展示厅的镇馆之宝花轿制作完成。

乾隆中期至嘉庆前期，护龙屯陈氏开基始祖魁文公第十代裔孙国玮公至第十一代裔孙广详公建起“有耀堂”古祖居群。

道光十三年（1833 年），粤剧传入贵县，丰富了村民的文娱活动。

19 世纪中期，护龙屯陈氏士琬公长子清云公、次子腾云公分家，陈氏祖居皇四厅呈分割格局。

光绪二十二年（1896 年），丙申年，天大旱。

光绪二十八年（1902 年），壬寅年，天大旱。

宣统二年（1910 年），贵县始征房捐，村民负担增加。

1912 年，中华民国建立，村中男性村民剪去辫子，兴留短发。

第二节　民国时期

民国二十三年（1934 年），广西颁发征兵条例，村中凡年满 18 岁男性须应征入伍，征兵办法为三丁抽一、五丁抽二。

民国三十一年（1942 年），日军入侵贵县，村民纷纷携带家中眷属和财物逃难，无法带走的家产就地隐藏。

民国三十四年（1945 年）8 月 15 日，日本宣布无条件投降。

1949 年新中国成立前，社会形势动荡，人心惶惶，民国政府大量发行金圆券导致通货膨胀，货币贬值，人们在市场上开始以物易物。

第三节　中华人民共和国成立后

1949 年 12 月 4 日，贵县人民政府宣布成立，龙井村脱离国民政府统治。

是年，脱离龙山第七区管辖，由附城公社进行管辖。

是年，基层政权组织为三龙大队，该名称持续至 1987 年。

1950 年 5 月，《中华人民共和国婚姻法》公布施行，宣布废除旧封建婚姻制度，实行自由婚恋。

1952 年，护龙屯村民陈文宪将陈氏祖祠改为教学用地。

1953 年 1 月，贵县人民政府根据《中国人民政治协商会议共同纲领》第二十七条“保护农民已得土地所有权”以及《中华人民共和国土地改革法》第三十条“土地改革完成后由人民政府发给所有权证”的规定，向农民颁发土地使用证。

1954 年冬，国家开始实行义务兵役制，龙井村中凡符合条件的村民都有义务服兵役。

1955 年，龙井村村民开始使用第二版人民币。

1958 年 6 月，全国掀起除“四害”（老鼠、蚊子、麻雀、苍蝇）任务。

是年 7 月，全国掀起“大跃进”浪潮，龙井村受到波及，大搞“丰产田”和放“水稻高产卫星”。与此同时结合整风运动，在群众中开展思想教育运动。

1960 年 11 月，根据中央《关于农村人民公社当前政策问题的紧急指示信》精神，纠正“一平二调”和“共产风、浮夸风”的错误，各级领导对其间出现过的作风问题

进行了深刻的检讨。

1963 年 7 月，广西壮族自治区文化厅动员文艺工作者下乡支援农业，文化馆集中力量开展农村文化工作，兴建文化基础设施，龙井村文化工作得到较大发展。

1968 年，在“破四旧”期间，陈氏祖祠祠堂内古物被焚烧。

1974 年，添置第一台变压器。

是年，实现全村通电。

是年，村中学校建设一处篮球场。

1980 年，师剧队成立。

1981 年，集体土地重新进行划分，上龙屯为 1～4 队，护龙屯为 5～11 队，双井屯为 12～13 队。其中 9 队分得面积为 1 亩 3 分 6 的田地，7 队和 8 队分得面积为 9 分的田地，5 队和 6 队分得面积为 7 分的田地。

1982 年，时任村支书将陈氏祖祠拆除改建为教学楼。

1983 年，天大旱，龙井村受较大影响。

1985 年，脱离阜城公社管辖，由港城镇管辖。

1987 年，基层政权组织为龙井村公所，该名称持续至 1998 年。

是年，贵港全市农户挖井 13000 余口，解决了人畜饮水的问题。

1990 年，实现全面通邮。

1997 年 6 月 1 日，开始修订最新一版戴氏族谱。

1998 年 1 月 5 日，最新一版戴氏族谱修订完毕。

是年，龙井村基层政权组织为龙井村村民委员会，该名称持续至今。

2000 年 9 月 23 日（农历八月二十六日），桂平江口聚集周边县萧氏代表数十人，研讨筹编《桂东南萧氏族谱》事宜，其中包括龙井村萧氏族人。

是年，添置第九台变压器。

是年，陈喜志当选为龙井村委文书。

2001 年，种植淮山 100 亩。

2002 年，提出老人集中养老规划，后因村中老人意见不合，该规划未能贯彻落实。

2003 年，成立山歌队。

是年，种植大肉芥菜 100 亩。

是年，土地承包期继续延长 30 年。

是年，龙井小学增添学生桌椅 150 套。

2005 年，龙井小学装修多媒体电教室。

是年，陈喜志担任村委会主任。

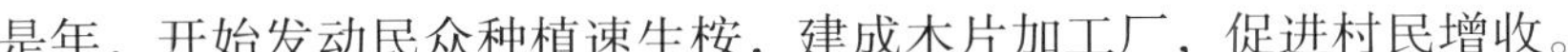

是年，开始发动民众种植速生桉，建成木片加工厂，促进村民增收。

是年，启动道路硬化工程。

2006 年，《桂东南萧氏族谱》编成。

是年，国家免征农业税，结束了两千多年农民“交皇粮”的历史，村民深受鼓舞。

是年，《义务教育法》修订，小学学生和初中学生减免学杂费。

是年，龙井小学建设文化长廊共计 80 米。

是年，实行农村集体土地确权。

是年，护龙屯养老院被解散。

2007 年，修建石佳水库闸门。

是年，硬化龙井小学篮球场。

是年，实现全面通电话。

2008 年，石佳水库灌浆。

是年，建成横碑渡槽 100 米。

是年，上龙屯建成三面光水沟 500 米。

是年，护龙屯硬化道路共计 1.3 千米。

是年，村委水井打通，解决此前存在的饮水安全问题。

2009 年，“壮族哭嫁歌”被列入广西壮族自治区非物质文化遗产名录。

是年，上龙屯硬化路段 1.3 千米。

是年，建成水塔共 160 平方米。

2010 年，林业树种改种 8500 亩。

是年，双井屯建设路基 1.6 千米。

2011 年，“蓝衣山歌”在广西壮族自治区“畅享民族”赛荣获二等奖。

是年，建成被贵港市民族事务委员会列入少数民族（壮族）特色村寨建设。

是年，建成村委办公楼共三层（包含大院、围墙、篮球场、舞台、大门、硬化道路、室内装饰）。

是年，“城乡风貌”工程改造上龙屯共 198 户。

是年 12 月，获“全国妇联基层组织建设示范村”称号。

是年，种植马铃薯 240 亩。

2012 年 10 月，建成民俗文化博物馆——同心展示厅。

是年，双井屯硬化道路 1.6 千米。

是年，上龙屯硬化长八至木圩道路 1.6 千米。

是年，建成双井桥 1 座。

是年，新建成5处球场，村中共有6处球场，分别是上龙屯2处、护龙屯3处、双井屯1处。

是年，硬化上龙屯篮球场。

2013年2月，成立祖居修缮理事会。

是年，修建功德碑。

是年，上龙屯修建三面光水渠1.3千米。

是年，建成护龙桥一座。

是年，硬化上龙屯社公坛至护龙屯古民居道路1千米。

是年，硬化村委旧址至护龙西龙片道路400米。

是年，集体经济收入达2万元人民币。

是年，引进企业投资额达30万元人民币。

是年，村民刘月球与梁丽珍被选为龙井村非物质文化遗产“壮族哭嫁歌”传承人。

是年3月6日（农历正月二十五日），陈氏祖祠修建动工。

是年12月，获“广西壮族自治区民族团结进步模范集体”称号。

2014年，获“广西壮族自治区卫生村”称号。

是年，实现全面通网。

是年，大规模铺设路灯。

是年1月15日（农历十二月十五），陈氏黄邓公祖祠竣工。

是年4月，上龙屯进行特色村寨建设。

是年6月，被广西壮族自治区新闻出版广电局授予“2014年全区示范（数字）农家书屋”称号。

是年9月，获国务院“全国民族团结进步模范集体”称号。

是年11月，组建龙井村文艺队。

是年11月，增设太阳能路灯154盏。

是年12月，维修田辽、头碑碑坝。

2015年，引进“龙荟花世界”项目。

是年，进行土地确权登记。

是年，维修三面光水渠，其中上龙屯3500米、护龙屯4000米、双井屯2500米。

是年，建成双井屯水塘围柱，花费11万元。

是年，获贵港市“荷城十大最美乡村提名奖”，获得2万元奖励。

是年，新增一处肉猪养殖基地。

是年2月，护龙屯第五生产队筑路筹备领导小组建成陈六路。

是年 4 月，隆重举办首届“三月三”节庆活动。

是年 5 月，灌浆加固石佳水库。

是年 7 月，龙井小学增添学生桌椅 300 套。

是年 10 月，举办“民族团结进步模范工作者”表彰活动。

2016 年，上龙屯、护龙屯、双井屯硬化三面光水渠共计 10 千米。

是年，脱离港城镇管辖，由港城街道管辖。

是年 4 月，隆重举办第二届“三月三”节庆活动。

是年 5 月，获“全国计划生育协会工作先进单位（2011—2015 年度）”称号。

是年 6 月，获“自治区先进基层党组织”称号。

是年 6 月 29 日，举办庆祝中国共产党成立 95 周年暨“两学一做”学习教育文艺晚会。

是年 7 月，上龙屯建设金板岭至六囤水泥路 780 米。

是年 7 月，上龙屯建设金板岭桥 1 座。

是年 12 月，获“‘美丽广西’乡村建设示范村”称号，并获得 20 万元奖励。

2017 年，村民人均纯收入达 10980 元。

是年，实现全面通快递。

是年，成立禁毒办，对有吸毒史的村民进行干预矫正。

是年 3 月 6 日，“蓝衣山歌”节目荣登广西卫视《一声所爱，大地飞歌》栏目。

是年 3 月，铺设护龙二六路 350 米，铺设上龙屯上社至下社道路 350 米。

是年 3 月，隆重举办第三届“三月三”节庆活动。

是年 5 月，龙井村共青团支部委员会被评为 2016 年度“贵港市五四红旗团支部”。

是年 7 月，完成上龙屯上社至下社道路硬化工程。

是年 10 月 7 日，成立村民合作社。

是年 12 月，获“贵港市第九批文明村（社区）”称号。

是年 12 月，获“广西壮族自治区生态村”称号。

是年 12 月 27 日，获广西壮族自治区第二批“民族团结进步创建活动示范村”称号。

2018 年，获广西农村基层党组织评定星级“五星级党组织”称号。

是年，广西壮族自治区举行自治区成立 60 周年庆典，中央统战部部长尤权代表中央慰问团前往龙井村进行慰问活动。

是年，建立健全“一约四会”制度，成立“一约四会”小组。

是年，山歌队参加 2018 年广西少数民族民歌展演。

是年，全村实现人均纯收入 1.2 万元，同比增长 19%。

是年，村中80～89岁人口有62人，90～99岁人口有10人，100岁以上人口有1人。

是年，灌溉水道完成硬化，村民生产生活便利程度提高。

是年1月，龙井村农家书屋入选“第七届全国服务农民、服务基层文化建设先进集体”名单。

是年4月，隆重举办第四届“三月三”节庆活动。

是年4月10日，台湾省花莲县瑞穗乡参访团到龙井村举办联谊交流活动。

是年6月，实行土地确权登记。

是年7月，安装太阳能路灯23盏，安装400千瓦变压器1台，改造用电线路5000米。

是年12月，安装太阳能路灯共计29盏，村中道路白改黑共计1.1千米，装修上龙屯的民房共计65栋，装修村委大楼。

2019年，全村建档立卡贫困户共计24户76人全部实现脱贫，农民人均纯收入达12872元。

是年，双井屯被列为“乡村风貌提升（精品型）示范点”。

是年，引进企业投资额达50万元人民币。

是年，村集体收入达18.8万元人民币。

是年，获2018年度港北区维稳基石工程“五星级群众工作站”称号。

是年，获2016—2018年全区无邪教创建“三十百千”工程活动“无邪教村”称号。

是年4月，隆重举办第五届“三月三”节庆活动。

是年9月20日，开展环境卫生综合整治大行动。

是年10月，成立股份经济合作社。

是年10月，建成护龙屯、双井屯文化活动中心。

是年12月，被自治区文明办授予第十七批“自治区文明村镇”称号。

是年12月31日，被中华人民共和国国家民族事务委员会命名为第三批“中国少数民族特色村寨”。

2020年，开展农村饮水安全巩固提升工程。

是年，引进企业投资额达6300万元。

是年，人均收入水平达20200元。

是年，获得“贵港市民族团结进步示范村屯”“自治区文明村”“贵港市文明村”称号。

是年，百花山休闲谷基地开始建设。

是年，全面实现道路硬化。

是年3月6日，开始部署“三清三拆”行动。

是年3月，举办第六届“三月三”节庆活动。

是年4月25日，开展乡村环境综合治理，打造生态宜居环境。

是年7月，上龙屯安装太阳能路灯共计61盏。

是年7月，上龙屯修建公厕一间。

是年8月24日（农历七月初六），双井屯动工兴建戴氏祖祠。

是年10月，上龙屯开展环境整治与排污工程工作共计150米。

是年11月，护龙屯至双井屯安装太阳能路灯共计28盏。

是年11月20日，入选第六届“全国文明村镇”名单。

是年12月18日，港北区区长黄英梅亲临龙井村指导乡村振兴、环境卫生工作。

2021年，引进企业投资额达800万元。

是年，村集体经济收入达13.68万元。

是年，村民人均纯收入达23660元。

是年，乡风文明建设经验被自治区文明委评为十大先进典型案例。

是年，召开乡贤会并筹款，召开“万名干部回故乡，带领群众建家乡”座谈会。

是年，组织理事人员前往广西北流市学习乡村振兴工作经验。

是年，发动外来人员捐款，筹得30万元扩建村中道路。

是年，龙井小学增设学生桌椅2800套，购入民族服装共计1万元，购入电脑10台。

是年，接待20次外来领导干部参观考察活动。

是年，村委干部协助农村房地一体登记调查工作。

是年，建成双井屯至富岭村路基250米。

是年，在港北区乡村风貌提升“三清三拆”工作中，被评为“先进示范村”。

是年，戴书明户、陈进善户、萧德勇户、陈建明户、刘美娇户被评为2021年度“星级文明户”。

是年3月，分别拓宽护龙路、双井路6.7米×500米、6米×1800米。

是年4月，举办第七届“三月三”节庆活动。

是年5月，安装太阳能路灯58盏。

是年5月，建设上龙屯长八桥1座。

是年5月7日，处理“龙荟花世界”租地事宜。

是年5月13日（农历四月初二），戴氏祖祠竣工，同日举行戴氏女儿回娘家活动。

是年 6 月 30 日，举办庆祝建党百年文艺晚会。

是年 8 月 16 日，引进外来企业家承包村中山林 3000 亩。

是年 9 月 27 日，获“贵港市科普示范村”荣誉称号。

是年 10 月 19 日，举办“千村万寨心向党·载歌载舞庆丰收”主题农民丰收节。

是年 10 月 25 日，硬化古民居扩宽路段。

是年 12 月 15 日，获港北区 2021 年度“文明村镇（社区）”称号。

2022 年，常态化开展理想信念教育活动。

是年，山歌队把学习党的二十大精神的感悟编成山歌传唱给当地群众听。

是年 1 月 25 日，新冠疫情防控工作取得重大成果，新冠疫苗接种达 4300 人次。

是年 3 月，引进平台公司承包 5、7、8、9、10、11、12、13 队土地约 550 亩用于发展种植业。

是年 4 月，举办第八届“三月三”节庆活动。

是年 4 月 23 日，安装太阳能路灯 61 盏，建设护龙屯三面光水渠。

是年 6 月 27 日，铺设村委护龙屯文化活动中心周边地板砖 1000 多平方米，种植观赏树种 50 棵。

是年 10 月 1 日，百花山休闲谷基地正式开园。

是年 10 月 28 日，举办学习宣传贯彻党的二十大精神文艺演出活动。

是年 11 月 27 日，港北区开展学习宣传贯彻党的二十大精神文艺演出第 30 场。

2023 年 1 月 5 日，安装太阳能路灯 184 盏。

是年 1 月 10 日，接待农业农村部农村社会事业发展中心乡村产业规划处处长安宝亮调研宜居乡村、产业建设。

是年 1 月 24 日，深入学习宣传贯彻党的二十大精神，举办 2023 年文艺晚会。

是年 3 月 5 日，组织妇女代表考察乡村振兴示范点。

是年 3 月 10 日，建成护龙屯长八桥至文笔三面光水渠 1062 米。

是年 4 月，隆重举办第九届“三月三”节庆活动。

是年 10 月，获“广西卫生村”荣誉称号。

第二章　主要姓氏

目前，龙井村主要有 11 个姓氏，分别为陈氏、戴氏、甘氏、梁氏、萧氏、周氏、张氏、黄氏、岑氏、韦氏和凌氏。部分姓氏的起源、迁徙路线及宗族文化的详情如下文所述。

第一节　陈氏

一、起源

陈姓是一个典型的多民族多源流姓氏。相传，虞舜是轩辕黄帝的九世孙，西周时周武王封虞舜的后裔妫满（即陈胡公）为陈国国君。陈氏得姓始祖即陈胡公，他与周武王女大姬结婚，封于陈国。陈胡公从仕荣公这一辈上传承，在崇礼公这一代逐渐发展起来。崇礼公原本是浙江天台县人，生于宋朝，曾出任广东省东部雷州府的通判和公使，是广西与广东的第一代祖先。陈氏家族到了第五代祖昇介公时，大多数在福建担任官宦，居住在莆田，并且在当时陈氏的支系布衍至两广地区，甚至遍及全国各地。

二、迁徙路线

陈氏族人其中一支由春秋时期的河南颍川郡一带发源而来。东汉时期，陈实公为太丘长，为颍川世系，西晋时期陈奎公发迹于天台，为吴兴世系。陈氏五代祖昇介公于福建任官，其后代遍布两广地区。其后人第十一代祖光延从事商业，后人第十三代祖魁其公由陆川迁居宾阳。昇介公的后人支系称为昇介支，昇介支中一人名为陈志德，他与其中一房妻子毓婷所生后代其中之一便分布于贵港市龙井村护龙屯。龙井村陈氏族人始祖寻继公（魁文公）于明朝时从陆川迁居护龙屯，至今已繁衍 17 代。陈氏族群在贵港主要分布于贵港龙山六桂村、贵港龙井村护龙屯、贵港逢富村、贵港高塘村、贵港三里镇洞心村、桂平沙坡乡北安村。

三、宗族文化

据族谱记载，陈国纬之子陈广祥胆识过人，聪明能干。1732年，率家兄漂洋过海到南洋、香港等地办厂置业，经营棉纱、布匹等。由于经营有道，生意兴旺，日进千斗，家产金、银的重量均超过一吨，占当时贵县财政收入的五分之三，素有“贵县刘文彩”之称。至1794年，由于兵荒马乱、时常被劫，陈广祥之子陈士玚、陈士琬把自己的金、银用瓦罐装了共十二罐，用马车运到贵县榕兴街由舅父收藏。后来陈士玚想取回金银，舅父反悔，把金银说成是砖头，陈士玚无奈把舅父上诉到桂林府陈宏谋处，陈宏谋不予理睬。陈士玚两次上诉到桂林府，最终胜诉。舅父把所有金银一两不少还给陈士玚。胜诉后，陈士玚从桂林回家，一路上做了许多善事，如修桥、补路等。回到贵县后，陈士玚到江边观看风景时，看到南江对面交通出行困难，他决定在大东、南江修建码头（现古码头）便于出行。返至护龙屯后，陈广祥按照桂林陈宏谋古屋和广东广州陈家祠设计，建造了护龙屯陈氏祖祠。

图2-1　陈氏古居外墙

第二节　戴氏

一、起源

春秋战国时期，宋国的第十一位君主宋戴公，有子名钩，为宋国司空，死后谥号为“戴子武公”，其子孙遂以谥号“戴”为氏。而后戴氏子孙逐渐散布至全国。戴氏族群在贵港主要分布于贵港平南腰子村、贵港桥圩、贵港双井、贵港八塘龙翻、桂平石龙黄圹等地。

二、迁徙路线

龙井村戴氏后裔由春秋时期宋国（今河南一带）发源而来，宋戴公去世后，戴氏子孙散布至各个郡国，例如亳州、扬州、齐州。唐朝以后，戴氏逐渐壮大，在黄巢起义以后，都使护公开始迁入江西婺源桂岩。大约 1450 年，先祖维袖公于明朝时期从广东东莞高排村迁居于龙井村双井屯。

三、宗族文化

自汉代以来，戴氏不断涌现有名的人，大、小戴都以礼学著名。西汉时有戴德，字延君，戴德的侄子戴圣，字次君，一同师事经学大师后苍，后成今文礼学大师。戴凭，字次仲，经学家，东汉建武年间任侍中。光武帝曾令群臣能说经者互相诘难，戴凭“议论恢宏”，击败所有对手，京师曰“解经不穷戴侍中”。戴良，字叔鸾，汝南慎阳人，东汉隐士，家富，好给施，食客经常有三四百人，时人称“关东大豪戴子高”。戴良才高旷达，且“议论尚奇，多骇流俗”，曾曰：“我若仲尼长东鲁，大禹出西羌，独步天下，谁与为偶。”戴封，字平仲，东汉对贤良策第一，拜为议郎，升任西华令，时汝、颍有蝗灾，独不入西华界。其年大旱，封祷请无获，乃积薪坐其上以自焚。火起而大雨暴至，于是远近叹服。后升任中山相。

两晋南北朝时期，戴逵及其两个儿子隐居不仕，都有很高的名望。南朝宋的戴硕子是会稽人，出身贫苦，他的三个儿子，延寿、延兴、法兴俱为文士，有成就。同邑有个叫陈载的人，家富，积财三千万。乡民们说：戴家三个孩子，抵得上陈家的三千万钱。戴法兴是个好学的人，初任尚书仓部令史。后转彭城王的记室令史。宋孝武帝登基之时，则被任命为南台侍御史，兼任中书通事舍人，很受赏识。后代子孙戴胄，唐朝初年为秦王参军，唐太宗即位后，迁大理少卿。贞观三年（629 年）代理吏部尚书，主持选官。后转户部尚书、武昌郡公，参预朝政，位列宰相。唐太宗认为戴胄清廉正直，能忠直体国，知无不言。嗣子戴至德在唐乾封时，拜西台侍郎，上元二年（675 年）迁尚书右仆射。

南渡之后，戴氏的后人在官场和沙场都获得较大成就，这也是戴氏子孙杰出不凡的原因。唐朝兴起之初，戴胄与戴至德，父子相继成为名臣。当时有倭寇侵犯扰乱边境，都使护公开始搬迁到婺源的桂岩地区。天祐年间，太尉陶雅、尚书汪英武率领军队前往讨伐割据歙州婺源的顺义军使汪武，戴氏多次立下功勋。

现今，戴氏还保存着完整的祖训，详情如下：

戴氏祖裔，远绍殷商。
一脉相传，万古流芳。
宏开基业，燕翼万年。
祖根强固，枝叶茂昌。
水源深远，流域绵长。
祖德隆厚，裔胄繁昌。
愿我宗亲，孝友谦让。
行善居仁，薪火相传。
光我族裔，代代年年。

此外，戴氏保存着完整的家训，详情如下：

一、首尽孝道：孝之大端，曰立德，曰承家，曰保身，曰养志。其间贫富不齐，财力各异，要当随分随力，尽所当尽。

二、次敦友爱：杳杳人寰，同胞几个。田产易得，骨肉无多。此而不免差池，安望更有真心。交处朋友，宜相亲爱，切戒詈凌。

三、次训子弟：人生善恶，基在童蒙。迪以待书，养其廉耻，成于遵循，败于放肆。倘姑息容纵，爱之实则害之。

四、次睦乡党：械斗之事，乡曲常多。端由见理不明，遂为血气所使。须知爱人者人恒爱之，敬人者人恒敬之，自然之理也。

五、次务勤俭：人生不可游手好闲，无论士农工商，各持一艺。

六、次正术业：一切不正之业，赌博之事，当视为鸩毒，尤不可好。

七、次饬品行：毋学狡诈，毋为邪僻，存其本心，行以礼义。

八、次养性情：毗刚毗柔，禀赋各异。要当资广识见，勿使囿于一偏。

九、次戒淫行：各善书，谆谆诺诫，自宜遵行，言之凛凛。

十、次去贪欲：富贵贫贱，本乎在命，人能勤俭积德，穷不终穷。

图 2－2　龙井村戴氏祖祠重新修建前（上）后（下）对比

第三节　甘氏

一、起源

据史籍载，“甘，武丁臣甘盘之后”。甘姓部分出自商王武丁的老师甘盘，属于以先祖名字为氏。

二、迁徙路线

甘氏先秦时主要分布于今河南、山东、陕西、甘肃、安徽等地，秦汉时扩散至今河北、山西一带，南方的江苏、四川、重庆也有甘氏族人迁入。魏晋南北朝时期由于战乱和政治动荡，北方甘姓族人大举南迁，进入今安徽、江苏、浙江、湖北、湖南、江西等地，广泛分布于长江中下游地区。五代两宋时期，甘氏族人迁入福建、广东。明朝初期，山西甘氏分迁于今陕西、甘肃、河南、山东、北京、天津等地。明朝末期，有北方甘氏族人迁入今辽宁，有闽粤甘氏族人迁入台湾。清朝初期，有两湖一带的甘氏族人迁入今重庆、四川一带。清朝及民国时期甘氏族人分布渐广。元末时期，有甘氏宗亲迁居至贵港市生活繁衍。资料显示，贵港甘氏宗亲主要分属如下三大支系：

1. 崇兴公支系

崇兴公生于元至正二十三年（1363 年）5 月 24 日寅时，乃山东省兖州府曲阜县（今曲阜市）衍乐塘波萝村（又载西乡村）人士。崇兴公进士出身，初任广西宾州盘查导，后升任广西右江导。后年老辞官归里，落籍广西宾州丁桥村（今南宁市宾阳县新桥镇西甘村），享年八十四岁，葬于宾阳。之后，明池公携宥济公之商业到贵县，又到横县（今横州市）云表镇下甘村，宥济公定居于贵港市瓦塘乡香江村，为本支系在贵港之始祖，主要分布在瓦塘镇的香江村加窝屯、新江村上甘屯和下甘屯、上江村上江屯；石卡镇的都蕴村都蕴屯、西山圩村西山圩屯、方竹村方竹屯；思怀镇的城村新城屯、大村村大村屯、新平村庙滩屯；湛江镇的芦山村石达保屯、福兴村仙垌屯、蓬塘村勒塘屯；木梓镇的红朗村沙平屯和下朗屯、木梓村木梓屯；大岭镇的金沙村良岭屯、江兴村逸塘屯；港城区的群山村陈村屯、猫儿山村雁塘屯、蓝田村蓝田屯。

2. 风清公支系

风清公第四代孙云轩公生有冲廷、冲汉、冲云、冲霄四兄弟。冲云公号三隆，于明末清初携妻儿从平南六陈镇迁至钟村后在甘寺村定居，至今已有 350 年左右。南溪、南熙、南诏三公，各生儿孙繁多，仅南熙公就生七子，可谓枝繁叶茂，贤孙遍居贵港市东津、桥圩、港城、玉林、兴业等地，旅居海外者也不乏其人。三隆公妣曾氏，不仅是该分支的始祖，而且是风清公大支系下人口最多、人才素质高、经济实力雄厚、影响最大、奉献最多支系的先祖。

3. 其他支系

大敬公支系从桂平市石龙镇五狮村迁来，主要分布于中里乡塘河村平安、利丈屯；飞神公、飞均公、飞安公支系从玉林市北市乡茂岭村迁来，主要分布于中里乡新村谭

利屯；迁连、科兴、甲勋、第辉公支系从北流市大坡外乡南盛留郎屯迁来，主要分布于中里乡新村那村屯；正贤、汉埼公支系从桂平市白沙镇厚六村迁来，主要分布于平悦乡早礼村早宇屯；军茂、精明公支系从广东省信宜市金垌镇光荣村龙塘边屯迁来，主要分布于东龙镇兰山村新和屯；卓杰伟三郎支系于清道光二十二年（1842 年）从桂平市白沙镇厚六村迁来，主要分布于大圩镇甘岭村甘村屯；希伦公支系从横县横州街迁来，主要分布于大岭乡古平村可塘屯，总人口 3600 多人。

三、宗族文化

在旧民主主义革命和新民主主义革命时期，贵港的革命斗争无疑是激烈的。在革命思想和革命斗争的影响下，甘氏宗亲兄弟逐步接受革命思想并积极参与各时期的革命斗争活动，为中国革命作出了应有的贡献。龙井村的甘氏宗亲先辈有一批人参加了中国的抗日战争、解放战争、抗美援朝及对越自卫反击战等。除此之外，新中国成立后，甘氏宗亲积极投身于社会主义现代化建设，为社会主义现代化建设作贡献。改革开放后，随着生活水平的不断提高，甘氏子弟更加重视对科技文化的教育，不负众望，努力学习，有一大批人成长为有理想、有道德、有文化的人才，积极投身中国的科技建设。甘氏宗亲注重团结，艰苦创业，培育英才，互相支援，抓住机遇发展经济，努力实现勤劳致富与共同发展。

第四节　梁氏

一、起源

梁氏源流较多，其一出自嬴姓，是黄帝的后裔，正式以“梁”为姓，始自周平王封康公为梁伯于陕西夏阳的梁山，后子孙逐渐以梁为姓，此为梁氏之起源，至今已有 2700 多年。宗支繁衍于国内及南洋各地。梁氏始祖太公有两大宗支与一大派，一是夏阳系，一是安定系，夏阳系始祖叫梁伯康，安定系始祖叫梁唐。这两系都是虞舜帝时代人，后来两系合而为一。梁姓来源另一种说法是以赐封邑名，梁氏人文盛族于江西。后因局势动荡不安与饥荒、战乱、疾病及生活上的求存，梁氏后裔便由陕西一带的梁氏发源地，转居到其他省或海外落户定居，繁衍生息。梁氏祖先最早迁入贵县定居可追溯至宋代。宋哲宗时，梁潜公在广西浔州生活。其中，贵港梁氏宗亲万禄公支系部分族人分布于龙井村上龙屯，上龙屯的梁姓族人的支系祖公为酒平公，酒平公为万禄

公后代，于1675年左右从旺岗岭迁来，历经13代共150人。

二、迁徙路线

贵港梁氏族人来源有：湖北省江陵县；江西省吉水县、吉安县等；广东省南雄珠玑巷、肇庆、云浮、三水、封开、高州、鹤山、南海、顺德等；福建省上杭县；山东省日照市；广西壮族自治区兴业、北流、陆川、博白、容县、桂平、横县、宾阳、来宾等县市。

梁氏族人在贵港市贵城镇主要分布于城区、青云村、小江街、三合、兴仁巷、石灰巷、牛栏巷、澄龙桥、登龙桥、三合、水流沟、南平、木必、三平圩、三平西村长古岭、三平、水尾塘、上下大梁、三岸红社新村、旧红社、南阳、西村岭、鹿斗垌、新村、郑村、新陆村、苏湾三冬、苏湾新屋村、罗卜湾、渔民新村。港城主要分布于旺岭、樟村、富岭罗岭、龙井上龙、旺华、旺岗岭。庆丰乡主要分布于青岭大村、中巷二队、大村片、岭脚、大村竹梁队、大炉。资料显示，贵港梁氏宗亲主要分属如下四大支系：

1. 梁真公系

梁真公仕于明初，岁贡出身，任云南武定军民府经略（历），奉委进白象于京师，回至南雄报升知州，在任数载后因病归田。明永乐年间，路经贵县，厥疾弗疗辞世。梁真公娶妻姚氏名金花，诰封宜人，生三子，长子梁熙，次子梁嵩，三子梁岗。妣于祖宾馆齐服，与次子梁嵩回归原籍，留梁熙、梁岗定居贵县小江村桂香社（今贵港市贵城镇小江村），以便春秋祭祀茔墓。

2. 万禄公支系

明朝时期，万福、万禄、万寿、万全、万安五兄弟由广东南雄珠玑巷客游至贵县三平定居。万福公13代孙学伦公从三平鹿头洞迁山北柳团村定居，子孙繁衍20代。万寿公由三平迁港城旺岭村定居，万全公民间流传迁大新县，万安公失传。万禄公后裔至今已繁衍27代。

3. 对峰公支系

对峰公，讳宗举，字文学，先隶居于江西省吉安府吉水县瓦子街飘竹社，元朝至正年间，以岁资生简授南流县教谕，任满遂居，置田创业，妣仙氏，合葬州城南五里，土名龙神湾。生四子，长仕英、次仕雄、三仕俊、四仕杰，仕杰复加原籍江西吉水县，其余三房皆在今玉林定居。

4. 梁保公和梁彭公支系

始祖梁保公，字善全；梁彭公，字寿卿。兄弟二人来自江西省吉安府庐陵县（今吉安县）清平乡五村。来时身为学官，到贵县后为民。初时定居贵县苏湾后迁往怀北二图流塘上寺背村（今贵港市港南区木格镇柳塘村），兄弟二人分立两房，梁保公为三冬，梁彭公为九冬，梁氏族人一概在当地按照制度编户定居下来。梁保公生一子文成，梁彭公生四子，长茂林、次茂英、三茂祥、四茂缘，至今已繁衍25代。

三、宗族文化

梁氏的堂号主要有任泽堂、忠孝堂、报本堂、载福堂、贻远堂、育存堂。贵港地区的梁氏族人和睦相处，团结互助。梁氏四大宗支自成世系又相互呼应，携手合作，因而瓜瓞绵绵，堪称旺姓望族。梁氏族人重视教育，擅长写作，如梁岵庐以太平天国的将领事迹为灵感创作了许多诗词，撰写金田起义檄文，收录于《天朝遗事杂咏》。同时著有《悼紫波公》《忆王妹（三首）》《自寿（五首）》《游芦笛岩》《浪淘沙》《金田之游四绝》《题罗一清诗集》《伯兄生日作》等。此外，梁氏宗亲中的梁国瑜、梁帆、梁澜贵、梁启春、梁汉章、梁泽汉、梁绍巩、梁遇年、梁应亨等人也以善作诗词而闻名。

第五节　萧氏

一、起源

《通志・氏族略》："萧氏，古之萧国也，其地即徐州萧县，后为宋所并，周代宋国微子启之孙大心平南宫长万有功，封于萧，以为附庸，宣十二年楚灭之，子孙因以为氏。"之后在中华民族发展的历史长河中，有萧何大显于汉。萧氏著于齐梁，盛于隋唐，广播于明清，勋业文章，彪炳史册。桂地之萧氏，多由江西经广东，而驻足八桂。居地星散，向无系统谱牒。龙井村萧氏始祖惠深公由外地迁入广西时在贵县上埠处定居，按基公八子（或其同辈）后五世排列，惠深公十世后人于清康熙年间由贵县上埠迁至上龙村居住，至今已繁衍23代。

二、迁徙路线

西晋八王之乱后，北方各少数民族争夺中原，战争席卷北方，造成北方汉族大量南迁。萧氏在历史上共有四次大分流，在第四次明初时期的萧氏大分支中，柏字基公共生八子，其中一子宗一公后裔由江西经广东进入广西，现今分布于广西玉林、容县、

藤县、岑溪、贵港等地。萧氏族人在贵港市内主要分布于港北区龙井村等地，贵港市外主要分布在广东梅州、蕉岭、平远、兴宁、和平，广西宾阳、来宾、蒙山、玉林、容县、藤县、岑溪、昭平、贺州、北流等地。

三、宗族文化

萧氏自大心（讳叔，字正义）定姓至今已历2600多年，家族人才辈出。元代有戏曲家萧德祥，有逝于1852年、名震中外的太平天国西王萧朝贵，有著名画家萧云从；近代有著名京剧演员萧长华，音乐教育家萧友梅，早期青年运动领导人之一萧楚女；现代有中华人民共和国开国大将萧劲光、上将萧克和萧华，最高人民法院原院长萧扬，著名香港电影女演员萧芳芳，等等，可见历代萧氏人才济济，不愧为辉煌之姓氏。

萧氏的兄弟姓氏是邱氏。相传始祖自广东赴广西时，萧邱二祖同船而上，且各带有老祖的骨骸，都放在一处，且都用同样的包装，没有文字标明，至岸后一齐出船上路，各自都忘记带走老祖的骨骸，发觉后一齐惊慌地返回船上取，这时已经分不清哪个才是自己的祖宗骨骸了。于是，二祖互相立约，两姓结拜为兄弟并且从此互不通婚。至今萧邱两姓主要住在昭平、贺县、平南等地，结拜为兄弟的故事也传遍当地。

第六节　周氏

一、起源

周姓是一个多民族、多源流的古老姓氏，历史可以上溯至黄帝时代，古今绝大多数周姓人奉黄帝玄孙后稷为周姓始祖，也有一些周姓人尊黄帝之臣周昌、周文王姬昌或者周公姬旦为得姓始祖。先秦时期周姓的著名人物，其后代多以周为姓，分散于今河南、安徽、湖北、江西、江苏、山东一带。南北朝时北方战乱，周姓族人随中原士族大举南迁，迁徙至福建、浙江、广东等地区。周氏族人在贵港主要分布于港城镇龙井村上龙屯、贵城镇石灰巷、永安街大社等地。龙井村上龙屯周氏族人始祖周能公至其第五代后人文施公集中居住在贵城镇石灰巷，文施公二子世麒仍居住于石灰巷，文施公三子世麟迁至永安街大社。

二、迁徙路线

周姓最初发源于今陕西渭河平原地区，周姓由西向东迁徙繁衍。自东周开国帝王

周平王将周王朝都城由陕西镐京（今咸阳市）东迁河南洛阳后，周氏得到大举繁衍，一度成为巨族。战国秦汉时期，秦灭六国时对各国贵族的迁徙，以及秦末战乱，为周姓发展、扩散提供了条件。这一时期，周姓迁徙到今河南南部、江苏北部等地，并在当地形成望族，即汝南周氏、沛国周氏。魏晋南北朝时，因北方长年战乱，出现了民族大迁徙，周姓族人也随中原士族大举南迁。隋唐前后，周姓得到了大规模发展。唐末五代连续几十年的诸王混战，特别是北宋末年，金兵南下与南宋末年蒙古兵南下之战，迫使河南、山东一带的中原周姓大量南迁至福建、浙江、广东等地区。汝南安城周氏各家族在此后的朝代更迭中纷纷迁移他乡，最终遍布全国。

三、宗族文化

周氏堂号主要有细柳堂、爱莲堂等。“周”字的象形字最初类似一个“田”字，寓意“田间阡陌与沟渠纵横”；田中间种植着茂密的庄稼，寓意“周氏始祖有农业立国的传统”；“田”字下面增加一个类似四周城墙的“口”字，寓意“修筑城邑”，进而演化成“周”字。周姓图腾为“鸟”与“田粟”的合文，主要由底下救护后稷的“金鸟”、中间匍匐的“孩童”即“人”、中上的“田粟”也称为“鼎”、顶上的“岐山”组成。其含义为“由大鸟保护的周人，经田粟与城郭扛鼎登山，直上苍天拜谒圣祖，以此向各氏族部落宣告周姓是祭天之氏、天子之族”。

第七节　张氏

一、起源

张氏主要源自姬姓，得姓始祖为张挥。张挥为黄帝之孙，张挥的父亲少昊为黄帝长子。张姓得姓主要源于张挥创造弓矢，官弓正、祀孤星，以职官为姓。张氏源于今日河南濮阳一带。张挥受封地为太原府太原县尹城青阳，青阳在汉代时称清河郡，故张氏历来称清河郡为郡望，清河成为张氏的氏标。

二、迁徙路线

至秦汉时，张氏族人主要起源于清河、张城一带。西汉时，张氏族人从清河、张城一带走向黄河南北，遍布中原、巴蜀、吴越，甚至到达西域匈奴之地。西汉末年，张氏开始向长江以南迁徙，史上张氏族人有三次南下大潮。第一次南下大潮为王莽当政建立新朝时期，此次大潮张氏族人共计分为四支，第一支渡过长江后进入浙江衢州、江西抚州、福建福州、广东韶州（韶关）、福建汀州（长汀）、江西赣州等地，第一支的人数最为庞大。第二支迁往建州（位于今福建）。第三支迁往湖州（位于今浙江）。第四支迁往演州（位于今越南）。第二次南下大潮为东晋至南北朝时期，此次南下大潮源于北方少数民族入侵中原，包括士族、平民在内的大批汉族居民南迁逃难，张氏族人也在其中。第三次南下大潮为北宋末年金人南侵至蒙古人南侵期间，北方张氏族人与其他汉人一同迁往巴蜀、两淮、东南、岭南一带。张氏族人在南迁的过程中将福建作为中心向广东、广西、江西、台湾等地辐射。张挥的第136世孙世端公于北宋重和年间由陕西宝鸡迁至汀州宁化石壁都葛藤凹，世端公第6世孙化孙公迁至上杭，生18子，分别前往福建清流、福州、漳州、汀州、永定，广东嘉应州、大埔、潮州等地。至化孙公第3世孙时，已播迁至福建、广东、浙江、江西、湖南、广西、四川、重庆、台湾及东南亚的新加坡、马来西亚等地，子孙千万人。化孙公于将军桥别墅逝世，被后世族人称为“鄞江始祖”。张氏在南迁的同时也往西北、西南、关东辐射。

三、宗族文化

张氏族群从省外各地迁入贵港，在郁江两岸、浔郁平原及附近山区定居。贵港的张氏族人主要来源于广东，张氏族人在贵港内的迁徙、繁衍特点主要为迁徙路线大体一致、分布地域广、语言的使用产生复杂变化。张氏族人迁入贵港的路线大体沿着闽—粤—桂进入贵港，起始地在福建的漳州南靖、龙岩、上杭、永定、武平；广东的梅州五华、大埔、平远，潮州揭西、惠州惠东；广西玉林、兴业、陆川、北流、宾阳、来宾、桂平等地。贵港内大约有53000多张氏人口，主要分布在25个乡（镇），277个村屯（街）内，分别是贵城、东龙、山北、樟木、蒙公、覃塘、黄练、三里、五里、石卡、大岭、港城、根竹、中里、大圩、庆丰、武乐、八塘、桥圩、东津、湛江、木格、平悦、木梓、瓦塘等地。龙井村内张氏族人的直系祖先为葵日公，其子孙也被称为葵日公支系，葵日公支系现有人口约3520人。葵日公于明朝中后期从广东揭西河婆迁来今贵港市港北区贵城街道建设路一带定居，后迁往港北区港城街道龙井村护龙屯居住。葵日公配黄氏，生三子，分别为应兆、应祥、应运。其中大子应兆与三子应运迁往贵港市别处居住，二子应祥及其后裔于龙井村护龙屯居住。

图 2－3　龙井村张氏古宅

现今，张氏还保存着完整的祖训，如下：

继承祖德

清河张氏　广居丁旺
黄帝赐姓　源远流和
缅怀先辈　精忠善良
圣贤众多　功高德望
劝我族人　继承发扬
效郡报国　雍泽民心
孝敬父母　弟恭兄让
族和邻睦　遵纲守常
礼信仁义　嫉仇豪强
慎婚传嗣　勤为农桑
读书习文　家教有方
禁戒非为　习武自强

忠效国家

国家与民　关系互相
民忠国盛　国富民康
国泽黎民　民增国光
天经地义　效国理当
劝我族人　以此为尚
奉事国家　蹈火赴汤
为国稳安　戎马扛枪
清正廉洁　农工学商
和衷共济　不图恩偿
执行政令　不怨下上
为国振兴　遵纪守纲
踊跃赴公　早完税粮

勤为职业

现代职业　百千万行
择业从事　各有理想
脑力体力　士农工商

孝敬父母

身为人子　必有爹娘
生子不易　养更非常
竭尽全力　操碎心肠

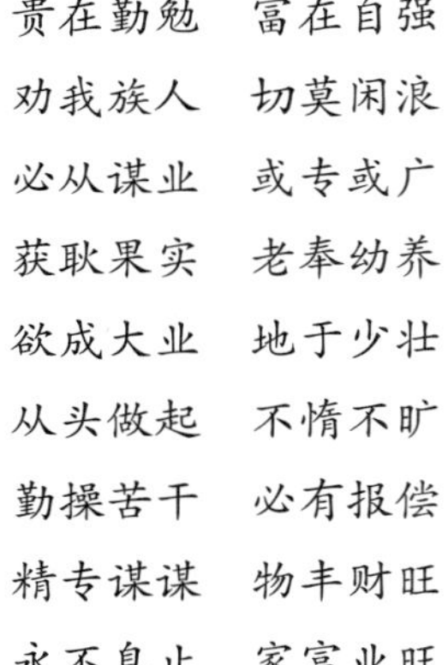

贵在勤勉　富在自强
劝我族人　切莫闲浪
必从谋业　或专或广
获耿果实　老奉幼养
欲成大业　地于少壮
从头做起　不惰不旷
勤操苦干　必有报偿
精专谋谋　物丰财旺
永不息止　家富业旺

雍和兄弟

兄弟之情　非同寻常
只因缘份　方逢世上
如身手足　根脉一纲
荣辱联结　祸福关相
劝我族人　兄弟莫忘
珍视情义　互尊互谅
雍爱和睦　兄恭弟让
莫记恩怨　免为参搡
福禄共享　苦难同当
遇事多商　亲朋礼往
妻室各教　父母共养
团结一致　共拒豪强

训教子女

生育子女　重在教养
启其愚顽　提高智商
德才体能　全面向上
立志成才　以仕栋梁
劝我族人　教子莫忘
从幼抓起　不可疏旷
打骂冻饿　继然不当

恩重如山　情深似洋
劝我族人　必为报偿
父母在世　孝顺敬让
不可凌辱　可不欺诓
遇有要事　应与商量
父母老耄　服侍奉养
问寒问暖　关心痛痒
父母归仙　节礼安葬

友睦族邻

人之祖先　原本同纲
繁衍生计　迁徙各方
近者是邻　远者为乡
百姓如是　况且族党
劝我族人　友睦乡党
以和为贵　仁厚谦让
缓急通义　庆吊礼往
艺业相扶　困难相帮
邻里之间　互为守望
哀矜孤寡　顾照幼长
不弄是非　多忍多让
莫欺贫弱　勿恃豪强

溺爱放任　非属良方
家教要严　更需师长
锻炼意志　教导思想
习礼知义　循规遵章
胆识才略　诗书文章

张公翰赐祖 2024 年 2 月 14 日（农历正月初五）

第八节　黄氏

一、起源

黄氏可追溯至轩辕黄帝。黄氏远祖于内蒙古西拉木伦河流域燕山以南繁衍生息，其后世约于夏初在今河南潢川建立黄国，因此得姓。河南颍川与湖北江夏为黄氏发展过程中的重要地点，后世以颍川与江夏作为黄氏的代名词，其中江夏尤为重要，黄氏族人将其视作郡望，称为江夏堂。

二、迁徙路线

黄氏族人的迁徙可分为五个时期。第一次迁徙发生在秦汉时期，黄氏族人部分为主动移居，部分为王朝治罪迫迁，由河南与湖北一带向南迁往安徽、江苏、浙江、江西、湖南、福建、广东、广西等地。第二次迁徙发生在魏晋南北朝时期，由于该时期北方少数民族大举南下，黄氏族人被迫南迁逃离战乱，主要迁徙路线有两条，一条由江夏迁河南光州固始，从固始南下进入福建；另一条由江夏沿长江而下进入安徽等地，迁入地主要有浙江、福建、安徽。第三次迁徙发生在唐朝至元朝时期，唐末，社会矛盾加剧，王仙芝与黄巢率领大批农民起义，史称“黄巢起义”。黄巢起义过程中，大批黄氏族人加入起义军。随着起义往南方进展，这批黄氏族人随起义军迁往东部与南部，虽然起义失败，但许多黄氏族人士兵留在广东、广西与海南，并在当地繁衍生息。第四次迁徙发生在明朝时期，由于当时生产力发展迅速，人口膨胀，土地无法满足人口增长的需求以及官职调动等，族人进行迁徙。在本次迁徙中，主要的迁出地为江西、江苏、浙江三省，迁入地为广西、广东、福建三省。第五次迁徙发生在清朝时期，由于战乱、天灾等原因，四川地区人口稀少，清政府鼓励其他省份人民迁往四川生产定

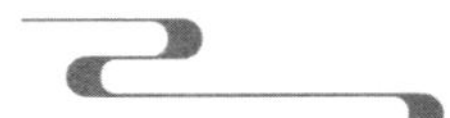

居。另外，为了加强统治，缓和沿海地区人民矛盾，以及受到广东西路事件与太平天国运动影响，准许内陆人民迁往沿海。本次黄氏族人主要从湖北、湖南、江西、福建、广东、广西等地迁入四川，以及从江西、福建、广东的内陆地区迁往沿海地区。

三、宗族文化

黄氏族人在贵港市主要分布在贵城、港城、覃塘、三里、山北、樟木、黄练、五里、石卡、大圩、东龙、庆丰、武乐、八塘、东津、湛江、木格、平悦、木梓、瓦塘、根竹、中里、蒙公、大岭、桥圩等地，其中龙井村也有黄氏族人定居。黄氏至今保存着完整的认宗诗，如下：

骏马登程往异方，任寻随地立纲常。
年深外境犹吾境，日久他乡即故乡。
朝夕莫忘亲命语，晨昏须荐祖宗香。
惟愿苍天垂庇佑，三七男儿总炽昌。

此外，黄氏有完整的明祠训，如下：

一、敦孝悌

孝悌为百行之首，凡为人子、为人弟者，当尽孝悌之道，不可忍灭天性。慈惟望吾族子孙，宜敦孝悌为一家。

二、睦亲族

宗族为万年所同，虽支分派别，则原同一脉，不可相视为秦越。兹惟吾族务宜敦一本之谊，共成亲亲之道。

三、和乡邻

乡邻为同井之居，凡出入相友，守望相助，切不可相残相斗。务宜视异姓如同骨肉之亲。

四、明礼让

礼让为持己处世之道，非徒拜跪坐揖之文。必使亢戾不萌，骄泰不作，庶成谦让逊顺之风。

五、务本业

士农工商，各有其业。古人云：业精于勤，荒于嬉。惟务其业者，乃得自食其力。可见食其力者，敢于专其事乎。

六、端士品

士为四民之首。隆其名正，以贵其实也。故宜居仁由义，以成明礼达用之学。若使偷闲，不惟上达无由，且士类有玷。

七、隆师道

师道为教化之本，隆师重道，正以崇其教也。若不尊崇，不惟教化不行。且有亵渎之嫌，何得漫言传道。

八、修坟墓

坟墓所以藏先人之魂骸，每年宜诣坟，祭扫剪其荆榛，去其泥秽，以妥祖灵。切勿挖掘抛露，致使祖宗之怨恫。

九、戒犯讳

同源苗裔每派宣择定一字为名。凡属五服之内嗣孙，不得犯父伯叔兄之名，即上祖之名字亦当共避之。

十、戒争讼

争讼非立身之道，凡争必有失，讼则终凶，宜以忍让处之为尚。勿致有断情绝义之路，倾家荡产之悔。

十一、戒非为

非为乃非人生可作可为之事，凡所行者，必要光明正大，天理良心。切勿贪财设计，贪色行奸，宜见利必然思义。

十二、戒犯上

自古尊卑，上下名分昭然。不得以卑凌尊，以下犯上。宜徐行后长，勿致有干犯在上之失。

十三、戒异端

异端乃非圣人之道，所作乃无父无君之事也。愿吾族宗盟，若闻邪术妖言，宜必远之，忽致其害累矣。

十四、畏法律

法律者朝廷之律例也，凡人若犯王法之章，不怕尔心如钢如铁，到其问自必有溶化之刑矣。宜必畏之远之。

十五、戒轻谱

家谱之修所以叙一本也，谱编成帙，乃一家之实务。宜同为珍重。以便考查世系，切勿抛弃，以亵祖宗也，宜共凛之。

第九节　岑氏

据老一辈说，岑家在明万历年间从中原河南往南方迁徙，途经广东韶关南雄县（今南雄市）珠玑巷后，沿西江而上定居在广西贵县横岭岑西村（今贵港市横岭岑西村）。大约在清朝末年从岑西村迁往广西贵县旺华村岑村（今贵港市港北区港城镇旺华村）生活。之后，于民国初年迁往贵县护龙村（今贵港市港北区龙井村）生活，至今已有百年的历史，这期间，有先辈际生公、秀新公、秀枝公、瑞林公、继芳公等的后代，一共七代的岑氏后人在龙井村繁衍生息，人丁兴旺，和其他姓氏一道，和谐共生，互相帮助，共同发展，过着幸福美满的生活。

第三章　语言

第一节　主要类型

壮族是龙井村的世居民族，在传统社会，使用壮语的村民最多。受外来文化的影响，尤其是后来客家人的迁入，龙井村的村民逐渐学会了普通话、客家话、白话等多种语言，不同屯的村民在日常生活中交叉使用这些语言，无明显的沟通障碍，这是壮汉民族文化认同与文化融合最直接的表现形式之一。

一、壮语

回顾龙井村的语言历史，陈氏从河南搬到浙江，之后又去往广东，最后来到了广西贵港市的龙井村。据资料记载，陈氏原本的语言为客家话，迁居到龙井村后，由于村内的民族以壮族为主，在需要与村民交流的情况下，陈氏逐渐学会了当地的壮语。后来在民族识别时也被归为壮族。因此，护龙屯村民多为壮族，内部交流以壮语为主。

二、客家话

龙井村也有使用客家话的村民。在双井屯，戴氏为大姓，戴氏内部交流以客家话为主。虽然戴氏家族长期以来使用客家话，但是他们也能熟练使用壮语，这和他们与壮族村民的日常交往、跨族通婚等因素密切相关。同样地，许多壮族村民也能熟练使用客家话。一般来说，外来人听不出来哪些村民是客家人，哪些村民是壮族人，充分体现出中华民族一家亲的和谐氛围。

三、白话

龙井村距离贵港市中心不远，不少村民自然也熟练掌握贵港粤语，俗称“贵港白话”，它属于贵港市境内汉语方言，如上龙屯村民虽然多为壮族，但是内部交流以白话为主。上龙屯土白话夹有一定壮音，但是壮音较之富岭村的岭底屯又少一些。据统计，至2021年底，能熟练使用白话的村民约有1900人，约占龙井村总人口的45%。

四、普通话

进入21世纪后，大量村民开始学习普通话，这与当时全国推广普通话的政策引导分不开。村民到乡镇的集市赶集，集市通用语是普通话而非壮语或客家话。另一方面，学校教育、多媒体、外来人口的通用语言也是普通话。在民族交往过程中，村民使用普通话的频率及熟练程度逐渐提高。当地村干部表示，即使组织村民代表开展工作会议，也无法完全使用壮语、白话或客家话表达清楚，专业术语只能使用普通话才能表达得准确到位。不少00后的青少年对普通话的熟练程度远远高于壮语、白话或客家话，对于后者，往往能听懂但不会说，甚至听不懂也不会说。

第二节　语言应用

一、家庭内部

在家庭内部，语言应用的主要特征是代际差异与混合交流。老年人通常使用方言与其子女交流，使用方言或不太标准的普通话与孙辈交流；中年人通常使用方言与老人交流，使用普通话与子女交流；青少年通常使用普通话与家人交流，偶尔使用方言。家庭内部语言交叉应用状况如表2－1所示：

表2－1　龙井村家庭内部语言交叉应用状况

语言应用	代际关系	
	方言	普通话
老年—老年	√	×
老年—中年	√	×
老年—青少年	√	√
中年—中年	√	√
中年—青少年	×	√
青少年—青少年	×	√

注：√表示“通用”，×表示“不通用”。

由表 2－1 可见，村民家庭内部存在着多种语言交叉应用状况，越年轻的群体，使用普通话的频率越高；越年老的群体，使用方言的频率越高；关于多种语言的协调与翻译，中年人起着极其重要的作用。多种语言交叉应用状况的出现，主要源于父母双方的母语不同与外部环境的影响。一方面，父母双方的母语不同。如父亲的母语为客家话，母亲是从别村嫁过来且母语为壮语，那么家庭成员的日常语言交流容易出现客家话、壮语、普通话同时使用的现象。另一方面，随着网络媒体的深入影响以及国家着力推广普通话，广大村民尤其是青少年群体，他们的普通话水平与使用频率也相应提高。

二、社交场合

在社交场合，村民语言应用的主要特征是以普通话为主，多种语言混合使用。受改革开放政策和户籍制度松绑的影响，龙井村人口的外流现象与流入现象比较普遍。外流村民在异地多使用普通话，遇到同村人或返村时多使用方言。外地媳妇、进村谋生的外来人多使用普通话。村内的世居民族，不同民族之间的语言交流则多种语言混合使用，如汉族人使用壮语交流，壮族人使用客家话交流等。

三、学校教育

在未撤销合并小学前，三个屯各设一所小学，教师主要是本屯的知识分子，语言应用的主要特征是双语教育。教师与学生之间的交流，既可以使用壮语或白话，又可以使用普通话。推广应用普通话及撤销合并小学后，龙井村小学的教师主要来自外地，教育也不再实行双语教育，而专用普通话。教师之间、学生之间、师生之间的课外语言交流同样以普通话为主。

四、仪式场所

在仪式场所，村民使用语言以方言为主。在红白喜事、许愿还愿等诸多仪式场合，村民通常使用白话或壮语，主要根据当事人或仪式主持人所持语言而定。

第四章　族际通婚与经济关系

第一节　族际通婚

一、家庭类型

20 世纪 80 年代前，龙井村主干家庭的占比在所有家庭类型中有绝对优势。此后，主干家庭的占比逐渐下降。至21 世纪20 年代，主干家庭的户数约占总户数的两成。在现阶段，家庭类型主要为核心家庭，约占总户数的五成，扩大家庭、单身家庭、单亲家庭占比较低，分别约占一成。

二、婚姻选择

当地族际通婚的现象比较普遍，主要表现为三种形式：同村不同屯通婚、邻村通婚、广西境内通婚。中老年村民以同村不同屯通婚、邻村通婚为主，年轻人则以广西境内通婚为主，且多属贵港市管辖范围。近年来，有少量外地媳妇嫁到龙井村，民族主要有瑶族、侗族、苗族、毛南族等。村民忌讳同姓通婚。

三、后代的民族身份认同

在通常情况下，村民后代的民族身份遵循“少数民族优先”的原则。比如父亲是汉族，母亲是壮族，后代跟随母亲壮族的概率较高，主要源于国家民族优惠政策的引导。如果父母双方均为少数民族，后代跟随某一方民族身份的比例相差不大。当然，也有少部分村民遵循“随父亲”的原则，即使母亲是少数民族，后代也随父亲为汉族。

第二节　经济关系

一、经济合作

龙井村村民的经济合作主要通过合作社实现。村民以入股的方式加入合作社，合作社整合林地或闲置资源并统一外租。租商承包的面积往往较大、周期较长，有利于发展规模化的种植生产。如种植速生桉，建设木材加工厂、砖厂，开发龙荟花世界、滑翔伞基地等。经济合作使村民的经济收入有了显著提高。

二、收入差异

龙井村村民的收入水平差异不大，主要源于龙井村毗邻城区，村民外出就业的机会较多，只要勤奋努力，收入就能有保障。留守村中的务农者，收入水平相对较低。对于养老问题及经济困难户，国家的补贴、扶持政策均落实到位。国家政策实行的养老补贴以年龄进行划分，年龄越大每个月得到的补贴越多①；保险优惠力度与是否被认定为贫困户有关，被认定为贫困户的村民得到的保险优惠较大②；贷款利息与是否被认定为贫困户有关，被认定为贫困户的村民可以减免利息。此外，非物质文化遗产传承人也获得政府补贴且逐步增加，补贴金额实行各民族一律平等的原则。

三、经济纠纷

村内经济纠纷主要源于土地纠纷，多为农田纠纷、山林纠纷。经过村委与村民的多年努力，目前解决村内经济纠纷的流程大致如下：村委将请四邻界址、生产队队长、当事人及治保主任出面协商调解。调解结束后，由村委出具调解证明，证明书上对地界有严格的标识，双方当场签订协议。村委盖章后，复印两份，双方各执一份，由村委保留原稿。

---

① 指政府发放的针对 80 岁以上高龄人群的高龄补贴，每个月 30 元。

② 村中贫困户的养老保险每年缴纳 200 元，其中政府补贴 100 元，本人出 100 元。贫困户的医疗保险报销比例达 80%。

第五章　政治关系

第一节　优惠政策

龙井村村民享受的优惠政策主要有国家考试中的少数民族加分、养老补贴、扶贫补贴和非物质文化遗产传承补贴。

一、少数民族加分

根据《广西壮族自治区普通高考加分调整方案》规定，在普通高等学校招生全国统一考试中，壮族考生考试可以加 7 分，其他少数民族考试可以加 20 分，汉族考生无加分项目。

二、养老补贴

龙井村 60 岁以上居民可享受养老补贴，补贴金额随年龄递增。

三、扶贫补贴

龙井村贫困户可获得保险优惠、小额贷款、利息优惠等政策扶持。

四、非物质文化遗产传承补贴

龙井村非物质文化遗产“壮族哭嫁歌”传承人可获得相应补贴。

第二节　参政议政

龙井村村干部的竞选条件主要考虑政治面貌、性别、民族及个人综合能力。以 2022 年为例，村干部总共 8 人，均为中共党员。其中女性干部有 2 人，占总人数的 25%；少数民族村干部有 6 人，占总人数 60% 以上。村干部的个人综合能力较强，能有效落实国家的政策，解决村中常见问题，致力于带领村民致富。

第三编

风俗习惯

第一章 生活习俗

第一节 饮食

在饮食方面，龙井村的日常饮食文化没有明显的族际差异，特殊节日的饮食文化略有不同。正月初一，壮族村民食用肉制品，宰杀阉鸡以供奉祖先；客家村民则需要斋戒，禁止食用肉制品，甚至不允许使用动物油进行烹饪，只允许食用素米粉。在许多传统节日，壮族村民喜做白糕，客家村民喜做“粄”；汉族村民喜欢在粽馅里掺入白果，壮族村民则没有这个习惯。

村民的日常饮食口味适中，不偏辣、不偏甜，也不偏咸。当地人种植当季蔬菜，基本实现自给自足，如春天种植莴笋、韭菜、南瓜苗等；夏季种植水瓜、苦瓜、南瓜、冬瓜、空心菜、苦麦菜等；秋冬种植香菜；冬季种植萝卜、马铃薯、菜心、油麦菜、豌豆苗、豌豆等。在每年的三四月，村民会上山采野生蘑菇。葱、蒜、香菜是当地主要的饮食调料，于是有“七葱八蒜”的说法，即七月种葱，八月种蒜。以前，荤菜主要是指猪肉、鸡肉、鸭肉、鱼肉和河虾，牛肉等则为奢侈品。现今，海鲜、牛肉、羊肉也逐渐成为村民餐桌的主要荤菜。

村民手工自制的特色菜肴极其美味。秋冬之际，村民喜爱制作菜干，如萝卜干、梅菜干等。菜干留到春末夏初青黄不接时拌粥食用。村民利用冬至前后阳光柔和、空气干燥的特点，腌制腊肉、腊肠，还用大颗的芥菜腌制酸菜。菜干和酸菜也经常作为菜底（放在碗底的辅菜）出现在酒席上。

饮食和农时节气密切联系。龙井村的每个节气均蕴含着农事意义。每逢敬神或拜社公，村民往往准备三样祭品：整条猪肉、带苗的莲藕三节、整只鸡或鸭。鸡的习惯做法是白切鸡或炒鸡，鸭的习惯做法是柠檬鸭。

第二节　居住

龙井村的传统房屋一般坐北朝南，以多代同堂居住为特点。房屋的布局通常包括上厅、下厅、天井、东西主屋、东西厨房和东西厢房等。在兄弟众多的家庭里，东边通常为长子的住所，少数人家设有下中上三个厅，两个天井分别隔在三个厅之间。如今，虽然兄弟们分家后独厅或独栋居住，但仍保持着大哥居最东侧、小儿子居最西侧的布局。

房屋结构以南边的院子为起点，人从南边的台阶进入下厅，寓意步步高升。从南门进入下厅（南厅），下厅两侧分别为东西厢房，下厅北面连接着天井。天井的东西两侧各有两个小房间，一般用作厨房。天井北面便是上厅，也是家里的堂屋，堂屋北墙供奉着神台和祖先的灵位。上厅两侧为东西主屋（主卧），厨房一般位于东侧。如果房屋地基窄，下厅就会变得相对狭窄，作为进门后的休息处。进门两侧放置笼子养鸡鸭等家禽。房屋的屋顶铺有瓦片，屋顶结构一般为下中上厅间的横梁凸起，然后向南北两侧倾斜，东西厢房或厨房分别向东西两侧倾斜，以便疏通雨水。逢雨天，房屋内围的雨水先汇聚流入天井（寓意肥水不流外人田），接着再从天井的水沟排出屋外。以上这些设计体现了村民的居住智慧以及对宗亲的眷顾。

图 3－1　龙井村的新式自建房

新式自建房不流行四合院模式，房屋叠层而上，通常 2～4 层/套，每层 80～120 平方米不等。不再专设天井，习惯在房子的正门前空出小面积的空地，铺上水泥，用以停放车辆、摆设花盆或晾晒物品等。一般而言，老人住在低层，年轻人住在高层，具体房间方位不再严格区分，厨房的方位也不再刻意讲究。龙井村素有敬老习俗，分家后，如果老人随某个儿子居住，这个儿子就必须给老人留出一个宽敞的房间。

第三节 服饰

在护龙屯和上龙屯，中老年村民爱穿蓝色的传统服饰，在日常生活和劳作的过程中皆穿。蓝色的传统服饰主要包括上衣、裤子、裙、头巾、背带等，多为农妇针线活。双井屯的汉族村民没有穿传统服饰的习惯，服饰多从市场购买。

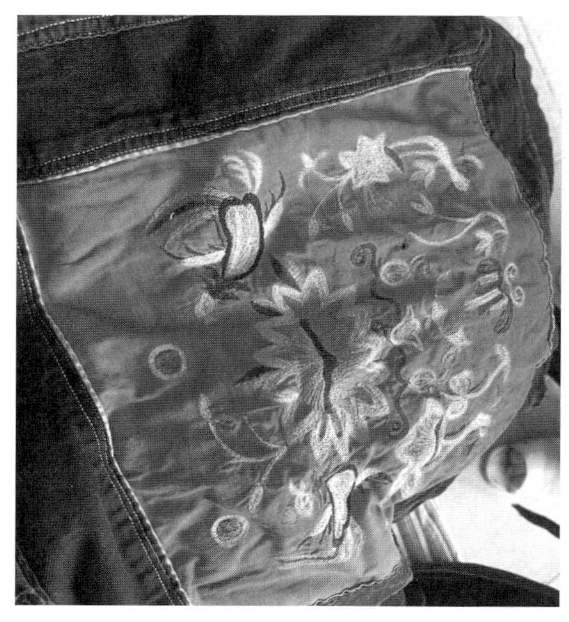

图3-2 龙井村背带刺绣

壮族蓝衣服饰的制作过程十分讲究，主要体现在五个部分：头饰、上衣、裤子、鞋子和鞋垫。以植物如当地的棉花、麻等为原料，通过蓝靛及草木灰染色。许多壮家少女、妇女擅长绣工，她们在日常服饰头巾的四角绣上自己喜欢的图案，同时，头巾四角的花纹也是区分是否已婚的重要标志①。此外，壮族老妪喜欢绣枕头套送给女儿或者儿媳妇，枕头套上的花鸟图案是由彩线绣制，寓意“幸福安康”。不仅如此，她们在背带的背部或者两根扎带的顶端也喜欢绣上图案。这些图案绣工精美，体现了壮族村民心灵手巧，表达自我的美好愿望和祝福亲朋好友的情怀。制作鞋子时，需要运用布料和粗线，搭配适当尺寸的针以及色彩鲜艳的细线。鞋垫则采用竹衣作为材料，将竹衣撕成薄片，并用冷却的糯米饭进行黏合。这些制作工艺展现了壮族村民就地取材的集体智慧和对传统工艺的精湛掌握，体现人与自然的和谐共生。值得一提的是，如今龙井村的壮族妇女无论在日常生产生活中，还是参加村委组织的集体活动，她们都喜欢穿着传统的蓝衣服饰，成为当地一道亮丽的风景线。

① 头巾上的花纹识别：一朵花代表未婚，多朵花代表已婚。

图 3－3　2022 年 3 月，龙井村妇联组织妇女代表身穿传统服饰开展创先争优活动

图 3－4　龙井村妇女的蓝色服饰

第四节　岁时习俗

一、习俗概况

龙井村习俗较多，且与农时息息相关。每个习俗的仪式感都比较强，通常需要杀鸡或杀鸭，或带上整块猪肉，斟茶、倒酒祭拜社公和祖先等，饮食文化也极其丰富。

正月初一，家人在一起聊家常，吃汤圆，寓意“团团圆圆”。杀鸡敬神，配上整块猪肉，加上米粽、发糕等特色美食祭拜社公，祭拜后将这些东西放在大厅的神台敬祖，其中米粽、发糕、糖果、饼干、茶和酒等要一直摆至正月十五。正月初一当天，村里一般会舞狮游村拜社公，祈求一年平平安安，舞狮队带头，其他村民会尾随其后，有专人放鞭炮、点香，敲锣打鼓，增加节日欢乐的氛围，热热闹闹过大年。

二月初二，也叫“二月社”，村民需要杀鸡敬神，祭拜社公、祖先。“二月二，龙抬头”，开启农耕时节，村民认为这一天会下雨，目的在于提醒大伙春节休整后要积极准备春耕农事。如果要打耳洞，女孩习惯先用当天敬神的猪油涂抹耳朵，然后再打耳洞，据说此举可以避免打耳洞时疼痛和化脓。

三月初三，村民制作各种米糕、糍粑，用来接待亲朋好友，有这一传统的以往主要是上龙屯萧家，护龙屯的陈家、黄家、凌家、岑家。如今生活条件越来越好，全村人共同庆祝，但大规模的聚会仍以上述姓氏家族为主。

图 3－5　龙井糍粑手艺的传承接力

四月初八，特色美食是水煮汤圆（土白话“饽”，壮语“蛙”），用糯米粉做汤圆皮，用花生混糖（白糖、红糖均可）或荤素搭配（新鲜木瓜丝、肉末和葱花）的馅料做汤圆馅。此外，当地有句俗语“四月八豆花发，豆花不发狗血泼”，意为四月初八当天，各种豆类植物都应该开花，如果不开花，这一季的收成就不好了。

五月初五，包粽子，主要包凉粽，通常为长条粽或三角粽，一般不放肉，单纯糯米拌碱水，蒸熟后蘸白糖吃。

六月初六，同样是水煮汤圆，和家人团聚吃饭等。

七月初七，俗称“鬼节”。村民做各式糍粑、发糕、柠檬鸭等，正值农忙结束或农忙空隙，出嫁女携带家人（特别是孩子们）回娘家省亲，一般会带上鸭子、猪肉等各种肉食和瓜果，有时候也带上纸钱和纸衣（娘家近年有丧事一般就要回来）回娘家“烧衣”，意为给去世之人带去衣物和钱财等。

八月十五，村民蒸发糕，还奉上各种瓜果和月饼拜月亮。八月十六，做糯米大汤圆庆丰收，话团圆，如果七月初七外嫁女未来得及回家“烧衣”给老祖宗，可以在八月十六这天补上。

九月初九，俗称“敬老节”，制作酿豆腐。

冬至，制作酿豆腐。

除夕，包米粽，杀鸡敬神等。

图 3－6　龙井村妇女制作酿豆腐

二、各屯习俗特点

总体而言，壮族与汉族的节庆习俗大同小异。在农历五至八月的传统节日，村民通常用以供奉和食用的主菜是鸭子，在其他月份的传统节日，主菜则是阉鸡。各屯的节庆习俗略有不同：

不同的节日习俗。“三月三”主要是护龙屯（除了张家之外，其余都过）和上龙屯萧家过，这天热闹非凡，人们会邀请各地亲朋好友或者其他村同姓兄弟来家里过节。同样地，如今生活水平提高，大伙也都跟着庆祝“三月三”，尤其是近年来村委带领村民举办“三月三”歌圩节，三个屯的村民聚在一起共同举办“百家宴”，欢迎各地亲朋好友共享盛宴，同唱山歌，参与各项民族活动，还会举办晚会等文娱活动。壮族村民非常重视七月初七，但是不过冬至。外嫁女当天拎着丰富菜品返回娘家，与娘家人一起祭拜祖宗。晚饭后，她们拎着娘家赠送的半边熟鸭和发糕返回婆家。其中，发糕寓意“晚辈听话懂事”。汉族村民不过七月初七，当天，家里的媳妇（婆婆）如果是壮族，一般回娘家过节。随着物质生活水平的提高，农业机械的使用解放了劳动力，农民的农闲时间较多，壮族村民通常热情地邀请汉族村民到家里一起欢度节日。此外，村中只有双井屯的汉族村民过冬至，邀请朋友来做客，来的朋友越多，主人家越有面子。护龙屯和上龙屯的壮族村民则没有过冬至的习惯。

不同的仪式。逢传统节日，壮族村民一大早便纷纷去祭拜村中的社公，晚间再祭拜摆放在家中大厅的祖先神龛。汉族村民则一大早先到宗祠祭拜，再祭拜村中的社公，最后再祭拜祖先神龛。部分人家祭拜土地公时，还点香祭拜社公坛旁的榕树。正月初一，双井屯汉族的新媳妇要外出挑井水，直到把家中的水缸盛满为止。

图 3－7 点香拜祭榕树

第二章　礼仪习俗

第一节　求子嗣与禁忌

一、求子嗣

为祈求子嗣，老人习惯请人祈福送子。达成愿望后，老人便用糖果等食品答谢。同时，村民在家中供奉送子观音，经常到附近庙会上香祈求子嗣。

二、孕期禁忌

怀孕禁忌：家中禁止打钉、打孔；孕妇的床不能移动，也不宜搬家；小孩平安降生之前不能随便坐在孕妇的床上，特别是枕头；孕妇不能进入办喜事的婚房，结婚当天的婚礼仪式，孕妇不能和新娘直接碰面、不能观看结婚仪式、不能参加丧事等。

三、月子禁忌

产妇禁止吃酸、辣、生、冷食品，以温补为主；禁止出家门；禁止洗头、吹风，以免落下月子病；禁止与丈夫同床；产妇尽量不出卧室，甚至连如厕也在房间里解决；在月子的头 12 天里，禁止外人（除外婆外）上门探望产妇和婴儿，主要源于传统观念认为刚出生的婴儿身体免疫力差。超过 12 天，确保婴儿能健康存活与平安成长后，才允许外人前来探望，同享喜庆。

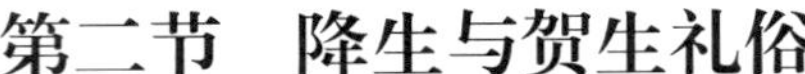

第二节　降生与贺生礼俗

一、降生礼俗

婴儿出生三天后，家人用柚子叶煮水给婴儿洗澡。如果是男婴，就放入两个鸭蛋一起煮水；如果是女婴，就放入两个鸡蛋一起煮水。将煮熟的鸭蛋或鸡蛋分给邻居幼童吃，寓意“后代和睦相处”。给婴儿洗澡时，家人念叨一些祈祷话语，如“健康成长”“大吉大利”“平平安安”“顺顺利利”“无灾无病”等。这时候，外婆等人过来看女儿和外孙子女，有时候也有外婆的妯娌等人一起陪同。

一些村民在婴儿出生第三天（俗称“三朝酒”）或第十二天就做“满月酒”（俗称“十二朝”），认祖归宗，娘家也前来祝贺，一般会带上抱被（土话“被褛”），婴儿的衣裤、袜子、鞋子以及红包等。村民认为，婴儿出生第十二天是生命安危的分水岭，之后婴儿就可以平安长大了。

二、婴儿命名

以前，婴儿命名按族谱固定的辈分命名，名字通常是双名，中间那个字表示辈分，如“国”“康”“贵”“定”等，旁人通过带辈分的名字就可推测其在宗族中的排辈。如今，婴儿命名主要由婴儿父母喜好决定，不再强调按辈分命名。

三、贺生礼俗

孩子出生后要“算命”，主要围绕金木水火土五行测算。如果缺金则祭太阳，缺水则祭古井，缺木则祭老树。这些祭拜仅一次，以祭古井为例，每逢正月初二，家人拎着鸡肉、猪肉、莲藕、糖、果、饼、粽子、红纸、米饭、香烛、茶、酒等祭品，前往古井给水母娘娘拜年。在古井旁放一张红纸，并用石头压着，祈求水母娘娘保佑孩子健康成长、顺顺利利，最后用古井水给孩子洗脸，并让孩子喝一口古井水，还要挑古井水回家，用来煮饭给孩子吃。日常抱婴儿出门，返家时家人必须念叨婴儿的名字：“某某某，我们回家咯！”有些人还在婴儿身上插上一根桃枝或黄茅草（俗称“鬼刀”，实在没有这两者，也可以用石榴枝叶等），特别是走夜路回家时一般都会插一根桃枝或黄茅草，相传可防小孩回家时烦躁不安。此外，一般婴儿满月或十二朝后，外婆或姨婆、奶奶等长辈会把用桃核做成的串珠送给婴儿，把用红绳子做成的手链或脚链戴在婴儿手上或者脚上，寓意辟邪去难。

一般有男丁的家庭会安排“吊灯”，俗称给该男丁“吊灯”，以示该男丁认祖和落定身份，祈福求平安等，仪式主要是祭拜社公、敬供家神等。吊灯一般是在正月初十，贺灯在正月十三，落灯在正月十六。吊灯年岁由主家决定，可以在出生当年，也可以是其他年份。吊灯宴请宾客与否，是否邀请舞狮子等也都由主家决定。正月十四当天，会有“做头人”在社公坛搭建好吊灯的棚基，当年有安排吊灯的主家也前往协助。

吊灯，也称上灯，正月初十，主家准备祭拜社公的必备三样——鸡、猪肉、带苗的三节莲藕，以及米粽、发糕、糖果等，通过敬酒、敬茶、点香、放鞭炮等来祭拜社公，并把“吊灯”挂在社公坛周边。获吊灯的男丁一定要同去祭拜，如主家邀请舞狮，就一起祭拜社公；当天爷辈或家族其他长辈会给吊灯男丁红包，并说一些祝福语，如“快快长大”“平平安安”“健健康康”“读书聪明”等。如果宴请宾客，宾客也会给吊灯男丁红包。传统的吊灯笼是手工制作的竹制灯笼，用彩纸裱糊而制成，并写上各种祝福语，如“平平安安”“好运连连”等，灯笼里面会点一盏“火水灯”，点燃“灯芯草”，灯不能灭。如今用电源灯代替“火水灯”。

图 3－8　龙井村的吊灯礼俗

贺灯：正月十三，贺灯当天也要杀鸡、点香、燃放鞭炮来祭拜社公。

落灯：正月十六，主家杀鸡、点香、燃放鞭炮来祭拜社公，并且把吊灯从社公坛取下来，意为“落灯”。

第三节 养育方式

龙井村村民非常重视家庭教育，同时对学校教育寄予厚望。龙井村有明确的成文村规，家族有口头家规，长辈注重言传身教、以身作则，后辈普遍乖巧懂事、低调做人、团结上进。当后辈到了上学年龄，长辈希望学校正确引导后辈做人做事和学习知识。村委在公共服务中心开设的农家书屋备受后辈欢迎，后辈经常在周末、节假日前往阅读，认真遵守农家书屋管理制度，争做文明小村民。

由于邻近就业的村民较多，村中的留守儿童相对较少。留守儿童主要跟随祖辈生活，祖辈难以给予其学业上的指导，唯有不时叮嘱孙辈遵纪守法，交代孙辈认真配合学校工作，尤其提醒孙辈远离危险水域，以防发生危险。留守儿童早当家，他们在课外往往主动分担家里的劳务活。

图3-9 农家书屋一角

第四节　拜认干亲

拜认干亲，俗称“拜干爹干娘”，龙井村白话俗称“认契爹、契娘”，一般“五行有缺”的就会拜认干亲，多一对父母亲来保佑孩子健康成长。拜认干亲的目的也在于加强人际关系，增进双方的情感认同。在通常情况下，拜认的是与孩子家世关联不大的人，把他们当作孩子的亲生父母一样对待，这是两户人家交往频繁和感情深厚的突出表现。拜认干亲也需要举行仪式，当天由孩子或孩子家人挑着一担米，扁担的一头是糯米，另一头是稻米，另加猪肉、阉鸡、糖果、猪皮、米酒、红包等，前往拜认干亲。干亲则用一条红线穿好铜钱让孩子带回家。第二年起，每逢正月初二，孩子要带上前一年干亲给的那一串铜钱和一只鸡，加上糖果、粽子等，逐年持续给干亲拜年，干亲每一年都要从那一串铜钱中取出一个。每年如此，以此类推，直至孩子成人结婚，铜钱也所剩无几，寓意“以后无须再给干亲拜年”，但是双方逢喜事依然同贺往来。

第五节　寿礼

当地的寿辰，一般按“年头年尾”计算，以农历为准。如 2023 年农历八月十五出生，到当年的除夕即算虚岁 1 岁；到 2024 年农历八月十五即算足岁 1 岁。龙井村极少有祝寿礼俗。出生日叫生辰，过世日称“纪辰”，纪辰当天在家敬（祭拜）老祖宗（当地称“敬公”，即像往常过节一般供上整只鸡或鸭等菜品，同时敬茶、敬酒，并点香祭拜，在家里神台供奉）。到逝者的纪辰，家人相聚，点香敬祖，纪念逝者。但龙井村少有纪辰礼。

第三章　婚礼习俗

龙井村的红白喜事仪式均由宗族的权威长者指导，同宗村民共同参与操办，其他村民仅参与贺喜（自贺）或吊唁。筹备人员不足时，同村不同宗、不同民族的村民受邀也会欣然帮忙，特别是关系较好的近邻，就算是平常人手充足，也会像兄弟一样帮忙做事。壮族村民的婚礼仪式流行“哭嫁歌”，即由嫂子背着新娘出门，一边出门一边哭，以感谢父母的养育之恩和表达依依不舍之情，汉族村民则没有这个特殊仪式。

第一节　相亲与婚礼准备

一、相亲过程

即使在现代社会，龙井村的不少男女也是通过媒人介绍相识而牵手成功的。相亲当天，女方有一群闺蜜或姑嫂陪同前往。相亲过程中，如果男方喜欢女方，就要给女方及其同伴各发一个红包，女方也送一件小物品给男方表示有意。

经过一段时间的接触，男女双方相互喜欢就可以定亲。男方把定情信物戒指送给女方，媒人将女方的生辰八字交给男方，男方把生辰八字放至米缸，用米覆盖三天。三天后，男方同时拿着双方的生辰八字见择日先生，由择日先生择日定婚期。择日后，男方通过媒人将礼金转交女方，并将婚期报给女方。随着现代通信工具的普及，礼金通过微信、支付宝等媒介直接转账的现象很常见。

二、聘礼与嫁妆

聘礼是指男方赠予女方的红包或实物，以示迎娶女方的诚意和感谢女方父母的养育之恩。在20世纪80年代，红包通常在40～50元不等；21世纪初，红包通常在0.8万～1万元不等；到了21世纪20年代，红包通常在8万～10万元不等。另外，家境较好的男方，往往加赠住房、轿车或大家电等贵重物品。

嫁妆是指女方父母赠予女儿的实物，以示对外嫁女儿的不舍与祝福。在20世纪80年代，嫁妆通常是一辆自行车或缝纫机、脸盆等；90年代还带上家电和家用物品，如

电视机、电风扇、棉被、洗澡盆、脸盆、自行车；21 世纪初，嫁妆通常是金银首饰；到了 20 年代，嫁妆通常是摩托车、家具甚至轿车等贵重物品。

三、婚礼时间

请择日先生择吉日而定，一般由择日先生根据准新郎新娘的年庚（出生年月日时，以农历为准）选定适合两人结婚的吉日，婚礼通常在宗族祠堂或本家住宅举行。

四、婚礼主持人

一般由本族有威望的老人主持，或者家族里的长辈（有儿有女，且没有白发人送黑发人的情况）。如果同姓家族没有合适的婚礼主持人，则由主家邀请村里合适的长辈主持。事实上，同一场婚礼有若干名婚礼主持人（均为男士），还有主次之分。最主要的婚礼主持人叫司仪，主持整场婚礼，如拜堂时讲出口令“一拜天地，二拜高堂，夫妻对拜，请新人入洞房”等。其他婚礼主持人，比如点香人（多为 2 人），专门负责点蜡烛上香，向家祖禀告今日家有喜事，祈祷家祖保佑儿孙“平安幸福”，新人“百年好合”“早生贵子”等。婚礼第二天，司仪还会主持新人敬茶，引导新郎带着新娘在厅堂给长辈们敬茶，各位长辈在厅堂两边坐着。新郎领着新娘认识家族的长辈们，司仪不时在旁边指点新人先给哪位长辈敬茶等礼仪。

五、婚礼随礼

上门迎娶新娘当天，新郎必备鸡、鸭、烟、酒、喜果、喜糖、鱿鱼、猪皮等双数计件的礼品，寓意“成双成对”。

第二节 婚礼仪式

在不同的社会发展阶段，龙井村的迎亲方式有所不同：20 世纪 50 年代，迎亲方式是走路或者坐牛车；到了 70 年代，迎亲的交通工具主要是自行车；至 80 年代，迎亲的交通工具主要是拖拉机；进入 21 世纪，迎亲的交通工具主要是轿车。婚礼仪式主要有迎亲、拜堂和送亲等三个步骤，男女双方都需要安排命好的人（指的是父母健在、有子女、有孙辈的人）全程陪同。

第一步，迎亲。迎亲队伍到达门口时，新娘和其他陪同人员暂时不进门，而是在大厅前方排列而坐。此时，一位女性负责为新娘撑伞，另一位女性负责引导新娘进门。

新娘下车后，由男方的大嫂将新娘引入厅堂，并有专人撑伞跟随。男方安排一名女性负责铺床、撑蚊帐和点新人灯，新人灯位于新人床对面，数量为一盏，寓意“灯火辉煌、传承有人”。男方的舅家兄弟负责点燃大厅东西两边的蜡烛，最忌讳的是蜡烛中途熄灭。点好蜡烛后，他们送上“白头偕老”“五世其昌”“螽斯衍庆”“麟趾呈祥”等吉祥话。接着，他们将西边的蜡烛放在下方，东边的蜡烛放在上方，寓意“男方的地位尊贵”。

第二步，拜堂。以前，在天色未黑前禁止拜堂，良辰通常在晚上八时。如今，下午两点左右就可以拜堂。点燃蜡烛后，新郎及其父亲先向堂厅行礼。礼毕，公婆便到地势较高的地方躲避，寓意“不让新娘压制公婆”。接着，由嫂子或婶母引导新娘进入大厅，与新郎对拜。第二天，送嫁娘在午餐时唱山歌，内容旨在教育新娘如何做人，如教导新娘如何孝顺公婆、嫁人后常回娘家看看等。以前，不管具体结婚日期，新人必须等到除夕当晚才能入洞房。如今，拜堂当晚即可入洞房。

第三步，送亲。第二天，新娘由新郎陪同回娘家，同时给娘家准备好礼物。新郎拜托姐姐，或者姑姑，或者家族其他妯娌等拎着礼物，礼物必然有两斤左右的猪肉和五六包面条，有时候还带上米粽和发糕等，寓意“新娘已经回门”。以前，女方要在娘家住到除夕夜才能回男方家。现在视情况而定，女方回娘家居住几天后就可以回男方家了。

图 3-10　壮族新娘出门

第四章　葬礼与祭祀习俗

第一节　葬礼准备

一、披麻戴孝

儿子儿媳将逝者身体擦拭干净，穿戴好寿衣。逝者穿 3～4 层寿衣，当地有“男双女极（白话，‘极’是‘单数’的意思）”的说法，即男穿四套寿衣，女穿三套寿衣。男剃光头，女用头巾包扎好头。擦洗穿戴好之后，用麻绳扎好身体后再抬入棺材，然后取出麻绳，分给亲属们，用来“披麻戴孝”。

守孝一般穿白色上衣，直系亲属一般穿白色长袍，男丁头上戴着白色头挂；女眷则披挂从中间剪开的白色蛇皮袋，袋角挂于头上，袋身披在背上。男女腰间均扎麻绳。逝者过世当天，由同族兄弟及其媳妇看守，并商议报丧人选和丧礼事宜，嫁出去的女儿当天也赶来。

棺材底下放一个圆形的簸箕，簸箕里铺放些许稻草灰。出殡后，家人察看稻草灰留下什么痕迹，寓意“逝者化作了什么”，比如留下了鸟的爪印，寓意“逝者化作了鸟”。

二、报丧方式

报丧：逝者族家①由拾盟②或者堂兄弟报丧，一般逝者的亲人不参与报丧。

儿媳妇、孙媳妇娘家人由儿媳妇、孙媳妇报丧，即亲家③由媳妇们报丧。

女儿、女婿和孙女、孙女婿由逝者亲属报丧，当天女儿、女婿、孙女和孙女婿也要赶回来一起守孝。

---

① 指母亲的娘家人。

② 即盟友，指村中年纪相仿的男丁结盟为友，平时友好往来，遇到红白喜事相互关照、帮忙。

③ 儿媳妇的娘家人。

三、追悼时间和地点

棺材被放至厅堂中间，即家里供有“神台”的堂屋。追悼时长一般为 3 天，90 岁以上老人通常延至 4 天。

第二节　仪式过程

请道公和唱师：整个仪式由道公主持。道公由逝者的儿子延请，唱师由逝者的女儿延请，能体现出儿女对逝者的孝顺。唱师通常有两人，一男一女，分别代表逝者的女儿和女婿。唱师多为哭腔唱师，他们将逝者女儿内心的悲痛通过唱诉表达出来，如养育之恩未能报答，逝者不在后，自己往后的悲苦无人诉说，等等。

守孝：或称守灵，逝者的后代（子女、媳妇、女婿、孙子孙女、外孙等）围绕在棺材东西两边守孝。厅堂守孝，一般男东女西。其他族兄弟及其媳妇也自愿前来守孝。如果逝者生前人缘好又高寿，则有更多宗族兄弟或邻居，甚至村内其他外人也主动前来守孝。

孝棒：选一根半人高的小竹子或木棍，然后用白纸裱糊其面，由逝者儿子或孙子所持，专留外出做各种仪式或出殡送葬时使用。

睇屋：报丧后，亲家派一些女眷过来“睇屋”，即帮忙看守房子（主要在厅堂之外的卧房或主屋里），特别是逝者亲属要跟随道公出去操办其他仪式时，由这些女眷帮忙看守房子，不能让房子无人。以前的说法是为了避免他人偷窃，也让家里保持人气。

舅爷来：报丧当天或者第二天，舅舅（族家）赶来道别。意为见最后一面，实则为了验证逝者是否正常死亡。征得舅舅同意后，方可盖上棺材。相反，未征得舅舅同意，不能随意盖上棺材。如果舅舅认为亲属对不起逝者，就不允许盖上棺材，还要向逝者亲属讨个说法甚至打骂教训对方一顿等。如果逝者有未成年的后代，舅舅有权要求逝者亲属尽力养育好逝者的后代等。

盖被：用于盖在逝者身上的被子，用长约 2 米、宽约 0.5 米的长布制作，刚好能盖进棺材。盖被通常由族家（若逝者是男性，族家指逝者夫人的娘家；若为女性，族家则指逝者自己娘家）或者女儿、媳妇（包括儿子）提供。盖被时，一般旁边有本家族兄弟念叨“这是谁给的盖被”，并用燃香在被角处点洞做记号。按照儿子、儿媳[①]、女儿、舅舅（若逝者为男性，“舅舅”指逝者夫人的娘家哥和弟；若为女性，舅舅指逝者自己娘家哥和弟）的顺序从大到小给逝者盖身。舅舅一般是晚上到，送的被子盖在最上面。以前舅舅多使用白布（白布不用染色，一般也较便宜）。

此外，也有说法是以前用3块长布（黑色或蓝色的“廊布”）缝制成一张被子盖在逝者身上，因为用2块布容易有车线缝隙盖着逝者心胸，这属于对逝者不敬。用3块布缝制时，车线缝隙就会靠近逝者手边或身旁，这样能确保整块布盖在逝者身上，又没有车线缝隙盖在逝者主体身上（可能是家庭经济条件比较差，没有完整的一块布，只能缝制）。如今有一张完整被子即可，不一定要有“廊布”，被子颜色主要为黑色。

瓦罐：除了供点香点蜡烛的香碗，棺材前还放置一个瓦罐，供吊唁者将饭菜和酒倒入，以示给逝者祭拜和供食。

接祖：道公带着孝男孝女出去接祖（道公的师公）返回后，孝男孝女便将饭菜象征性地倒进放置在棺材前地上的瓦罐里，寓意“先请列祖列宗吃后在场者才能吃”，以示尊敬。

守灵和祭拜：亲属要求跪拜，其他人则跪拜或鞠躬。只要有人前来祭拜，道公都要做仪式。由道公牵头，逝者亲属随后，再到其他外人，或在棺材前面祭拜，或围绕棺材慢走若干圈。

点香：由舅爷（族家）带饭菜给逝者敬酒、吃饭，然后点香祭拜。一般是出殡当天前来点香，寓意“准备出殡”。

阴宅和童男童女：阴宅由竹子制作而成，用纸钱材质的彩纸裱糊，寓意“让逝者有居住的地方”。童男童女，用纸钱材质的彩纸剪成，也称“丫鬟娘”，寓意“给逝者当奴婢，伺候逝者”。

立幡：80岁以上，或有威望者，或富裕者，或家里没有白发人送黑发人的家庭老人过世，才可以立幡。立幡，寓意“家庭富裕、人丁兴旺、孝顺老人”等。追悼时间延至4天甚至7天。立幡，通常准备一根竹子、一匹“马”，“马”是用稻草或其他竹子制成，竹尖放一顶帽子、一盏马灯、道符等。道公领着逝者亲属到村边做仪式。仪式结束后，将立幡等道具安插在村边。路人看到立幡，便知道这家人有年长者去世，且子孙孝顺，人丁兴旺，这家人是值得大家尊重和称赞的。

路祭：与逝者做最后的告别。亲属和其他族人兄弟、族家亲家等围着棺材跪拜送

---

① 也有说法是儿子和媳妇共用一条被子盖，不用分开。

别逝者。有时候列队（亲属在前）跟在道公后面，围着棺材和阴宅转圈。唱师也和道公轮番上场，送别逝者。

落幡：出殡前要落幡，道公带着守孝人群前往立幡之地，敲锣做道，然后取回竹子等道具，分给逝者的儿子们，儿子们争先恐后地领取道具，这些道具寓意“荫佑家族兴旺”。

第三节　出殡

如果立幡，要等落幡之后才可以出殡。

抬棺材：由盟友共同助力完成。在通常情况下，如果逝者是年轻人，抬棺材需要 8 人，如果逝者是老人（60 岁以上）则需要 16 人。

送葬：送葬出场的前后顺序有讲究。亲属披麻戴孝，儿子孙子轮流捧着逝者的照片或者牌位，媳妇、孙媳妇提着装饭菜的瓦罐走在前面。如果人手不够，同族的兄弟及其媳妇也前来帮忙，他们走在棺材前面。其他亲属则跟在棺材后面走，跟随道公做各种仪式。阴宅等道具一般由同族其他男性抬着。

下葬：将棺材放到挖好的坟坑后，送葬的亲属和其他人各抓一把土撒到棺材上，寓意“亲自送走了逝者”，便可以先行回家。剩下的埋葬工作由拾盟完成。

回拜：下葬的第二天，亲属再带饭菜到坟地祭拜，确认逝者已经安葬。

出脚：下葬的第二天就出脚，亲属和族里兄弟要带着菜、肉到死者配偶的家走一趟。对方也会回礼，通常是玉米和谷物，寓意“播种子，从头再来”。

着油头：出脚后，便可以解孝。女儿、女婿及其家人一起回来，族人兄弟也派代表过来帮忙招待、做饭等，大伙要在头上涂一点油，寓意“从头开始，顺顺利利”，整个丧事就办完了。

第四节　其他葬礼习俗

葬具：主要为木质棺材。家人通常在逝者病重甚至老人还健在时便开始张罗定制棺材，老人也不忌讳，认为这是后代孝顺的一种表现。

墓地选择：一般请人选地，测算好当年是南北方向还是东西方向利好。如果南北方向利好，下葬棺材的朝向则为南北向，以此类推。

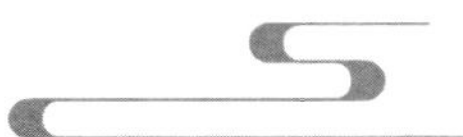

下葬时间、墓碑：由道公安排。一般为棺材土葬，土堆前面竖立一块平整的石头当墓碑，很少有专门制作的墓碑，仅有少数富裕家庭有墓碑和碑文。

随葬物品：以前，随葬物品主要为逝者的旧衣及其生前用过的物品，如衣裤、鞋子、围裙、被子之类，将它们洗净随葬。如今，随葬物品较少见。

丧葬筵席：血缘比较亲近的族人通常全部参与，族家、亲家等眷属至少每户选出 1 个代表参与。此外，同村村民、邻村村民等是否参与，则视逝者家庭的经济情况而定。

守孝时长：从遗体放入棺材开始，一直到出殡，就是基本的守孝时长。也有村民认为，持续到着油头结束，才算守孝结束。村中少有守父和守母的时长之分。

迁坟、捡骨、再葬：一般 3 ~ 5 年后迁新坟。迁新坟要让“睇地先生”找好地方，如果原来的墓葬地方好，可以继续葬在同一个地方，但也要捡骨重新葬。捡骨师傅将逝者骨头捡起来，认真擦拭干净，按人骨由下到上的顺序放入一个“金罐”。迁坟再葬由逝者儿子主办，女儿们要回来，较亲的堂兄弟也需要前来帮忙。迁坟前如果还没找好墓地，就暂存在自家旱地的田埂边上。

对非正常死亡者的处理方式：根据年龄不同、成家与否采取不同的处理方式。如果逝者未婚，遗体不能搬进家门，只能在外找一个地方或是直接抬到墓地，由道公做法事让其不做“孤魂野鬼”，要尽快下葬，甚至直接火葬。如果逝者是老人，则可以搬遗体进家门做仪式，但是须从侧门抬进家里，才能做后续的葬礼仪式。

殡葬制度的改革：老人如果预感自己将要去世或担心自己随时去世，往往不愿意到医院就诊，担心死后被火葬。除了非正常死亡可能火葬外，村中依然以土葬为主。

第五节　祭祀仪式

龙井村有 3 座社公坛、2 座祠堂和 1 座庙宇。村中举办祖庙祭拜活动的频率通常为“五年一大祭，三年一中祭，每年一小祭”。每逢祭拜节日，村民及周边的乡亲均前往祭拜，祖庙的每个路口都有“驱邪”流程，各地代表舞狮子，热闹非凡。男性主要负责敲锣打鼓、舞狮、宰杀鸡鸭、祭拜等事宜；女性主要负责准备烧纸、点香烛、择菜洗碗等后勤工作，男女双方配合无间，其乐融融。

护龙屯永隆庙

护龙屯社公坛

上龙屯社公坛

双井屯社公坛

护龙屯祠堂

双井屯祠堂

图 3－11　龙井村的祭祀场所

安龙。当地规模较大的祭拜仪式。村里遇到大事，特别是当年的年轻人去世或意外身亡的人较多时，村民便举行安龙仪式。安龙仪式会涌现若干名“带头人”，带领自愿参与的村民，到后背山祭拜，燃放鞭炮、点香，一路祭拜回村里，寓意已经重新安抚好龙脉，以保佑全村平平安安、顺顺利利等。

祈福还福。每年开春之际，龙井村都有祈福祭拜仪式。一般在“二月社”前“祈福”，在除夕前“还福”，具体日子由择日先生或道公占卜而定。若干名“带头人”按照每户20元钱（“祈福”“还福”各10元）的标准收钱，当天请上道公，带上香火、纸钱、鞭炮、生鸡、猪肉等祭拜社公，道公和“带头人”边祭拜边祈福，如保佑全村“平平安安”“顺顺利利”“兴旺发财”等。除夕前进行“还福”祭拜仪式，依然由若干名“带头人”带领村民祭拜社公。“祈福”和“还福”能把一年的祈福祭拜仪式都完成。

图3－12　2023年的“还福”通知

施功德。村民通常在清明节前、七月初七前、除夕前施功德，祈求平安。先由几个“带头人”按照每户（自愿参与）10元的标准收钱，当天准备些许糖果饼干，煮些许饭菜，晚上10点后到村边的马路点香，送上糖果饼干、饭菜祭拜，寓意“给无头无主的冤魂及鬼神施舍饭食”，即施功德。

第五章　娱乐习俗

第一节　山歌

贵港的壮族山歌主要有两种唱法：一种是龙山奇石唱法。以本地壮语押韵，歌声旋律以唱欢为主，大多数为四句一首，每句为五言。另一种是本地平话山歌。歌声旋律以唱逸为主，大多数为四句一首，每句为七言，以汉语或本地语言押韵。平话山歌有四种特色：一是女唱男回。二是开声首句有三言头、五言头和七言头。三是有时偶然出现五句一首，出现五句一首是男女重复尾句合唱。合唱中出现多声部与和声混合唱，旋律非常优美动听。四是唱到高潮时候中间加了三言感叹“阿表嗳”，阿表就是“老表”的代称，意为“有一定的亲戚关系”，以表亲近。这是发自内心的一种激情和友情的表现，也是对山歌的无限热爱之情。

龙井村的“蓝衣山歌”起源于明末清初，至今已有300多年历史，是贵港市非物质文化遗产“三歌”（“壮族哭嫁歌”“佛教音乐歌”“蓝衣山歌”）中最优秀的系列作品之一。山歌的曲调相对固定，内容却多样化，男女村民可即兴填词对唱。按照内容划分，山歌有庆祝歌、告诫歌、情歌、讴颂党歌等。这些山歌描述了广大劳动群众的生活场景和价值观念，既表达了劳动群众热爱社会、热爱生活的美好追求，也体现了劳动群众日常娱乐、共享共情的情感需求。其中，民间流传最广的为情歌，内容以表现初识、初恋、相思、热恋等为主，村民以歌交友，以歌传情，以歌为恋。随着时代的变迁，山歌的内容也有了很大的改变。经过深度挖掘的“蓝衣山歌”在广西“2011年畅享民歌”大赛中荣获优秀奖。2017年3月，“蓝衣山歌”登上了广西卫视的“一声所爱，大地飞歌”栏目，为贵港市民歌史写下光辉的一页。

一、情歌

情歌一

女：就来就喊我唱歌，犹如婆刹织绫罗。冬种耕田望落雨，黄蜂真望菊花多。（译

文：一来就叫我唱歌，犹如菩萨织绫罗。冬天种植、耕田盼望下雨，黄蜂真的盼望菊花多。）

男：蝴蝶飞入花园里，团团转转密又疏，黄蜂真望菊花多。今日巧逢堂歌唱，作队唱歌有几何。（译文：蝴蝶飞入花园里，飞得团团转转，一会聚集一会飞散，黄蜂真的盼望菊花多。今日恰巧遇到同歌唱，一起唱歌又如何呢?）

女：今日娘今来到儿，出来新极好风凉。出来新极好贵地，贵地也是贵兄地，贵地也是贵兄乡。（译文：今日姑娘来到这里，出来玩耍好凉爽。出来贵地好玩耍，贵地也是贵兄的地，贵地也是贵兄的家乡。）

男：阿表初初来到儿，出来新极好风凉，好风吹弟又吹娘；北风吹妹眯眯笑，南风吹弟断肝肠。（译文：老表刚刚来到这里，出来玩耍好凉爽，好风吹弟弟我，又吹姑娘你；北风吹得阿妹笑眯眯，南风吹得弟弟我肝肠断。）

女：样大未曾出过门，比是牡丹籽同权。比是牡丹籽个样，来寻个几得心欢。[译文：长这么大还没有出过自己家门（村），犹如和富贵牡丹籽有同样的地位权力。犹如富贵牡丹籽那样珍贵，过来交流玩耍很是心欢喜。]

男：蝴蝶采花在园里，牡丹花上转团团，来寻个几得心欢。娘是有心又有意，日后多多来我村。（译文：蝴蝶在花园里采花，牡丹花吸引蝴蝶团团转，来交流玩耍心里很欢喜。如果你有心意，日后就经常来我村。）

女：样大未曾来个方，个方田地阔茫茫。个方田地茫茫阔，贱人来到贵人方。[译文：长这么大还没来过这一方土地，这方土地天地很宽阔，卑贱的我来到贵人的地方。（这是通过贬低自己表示谦卑）]

男：几娘正是富贵女，今日几娘到个方，贵人来到贱人方。卯并（也可以唱“比”，比拼之意）你村山水好，你村田地阔茫茫。（译文：姑娘是富贵之女，今天姑娘来到我们这个地方，是贵人来到卑贱的地方，比不上你们村的山水好，你们村的天地很广阔。）

女：新来到，新来到几地头生。我地（队）新来卯识路，兄今识路引娘行。（译文：新来到这里，新来到这个地方比较陌生。我们新来不认识道路，哥哥认识路引导我们姑娘行走。）

男：亚（阿）表今日来到儿，新来乍到地头生，兄今识路引娘行，一回生来二回熟，总要勤行路卯生。（译文：老表今天来到这里，初来乍到，地方陌生，哥哥今天认识路引导姑娘走，俗话说“一回生二回熟”，你们来勤走动就不陌生了。）

女：新来乍到你村里，蜜蜂蝴蝶钻分飞。蜜蜂蝴蝶分飞钻，欲得全村人尽知。[译文：初来乍到你们村里，蜜蜂蝴蝶团团转转飞来飞去。蜜蜂蝴蝶团团转转飞来飞去，

惹得全村人都知道我来了。（表示有些害羞、害怕）］

男：兄是黄蜂娘蝴蝶，黄蜂蝴蝶钻分飞，欲得全村人尽知，欲得全村人知道，正是青春入阵时。［译文：哥哥是黄蜂，姑娘你是蝴蝶，黄蜂蝴蝶团团转转互相飞来飞去，惹得全村人尽皆知，惹得全村人尽皆知，我们正是青春恋爱时节。（表示安抚对方无须害羞、害怕）］

图 3－13　龙井村男女谈情说爱

情歌二

女：生生兄，生生见面好难倾。你是谁家贵子弟，面皮白白口轻轻，未曾见面你先倾。（译文：陌生兄弟，见面陌生，一下子很难让人倾心。而你是哪一家的富贵子弟？脸面白白净净，说话轻轻柔柔，虽未曾见面，却对你倾心了。）

男：今日初来初见面，表娘讲话笑盈盈，话语声音好合倾。红粉佳人罗些客，唇红齿白妹机灵。（译文：今天初次来见面，老表姑娘讲话笑盈盈，说话声音好听合我意，让我倾心。红粉佳人是哪里的客人？妹妹你唇红齿白很精灵。）

女：乍相识，竹枝落地乍生倾。你也未曾相识我，我也未曾相识兄，比是大风落山停。［译文：初次相识，竹枝落地如何生根倾心？你也未曾认识我，我也未曾认识兄弟（哥哥）你，好比大风吹到山上就停下了。（寓意：风吹到山上就停了，我遇见你就

倾心了，不左顾右盼寻他郎了）]

男：娘是初初来到几，兄今卯识娘真情，娘也未曾相识兄。兄也不区娘不论，齐家坐落慢慢倾。（译文：姑娘是初次来到这里，哥哥今天不懂得姑娘的真情，姑娘也还没有认识哥哥我，哥哥我也不拒绝，姑娘也不讲究了，大家一起坐下来慢慢聊。）

女：见兄生得白瓷瓷，比是下园角笋皮。角笋拧扫（拧来）共藕羹，卯吃都尝三两偷（兜）。（译文：看见哥哥你生得瓷白瓷白的，好比下面园子里的嫩角笋皮。拿嫩角笋皮来和莲藕做羹，不吃都要偷偷尝两三口。）

男：娘是富家红粉女，唇红齿白白瓷瓷，比是下园角笋皮。行路如同龙摆尾，讲话如同雀画眉。（译文：姑娘是富家红粉女，唇红齿白，皮肤瓷白瓷白的，犹如下园的嫩角笋皮，走路如同龙摆尾，摇曳生姿，说话如同雀画眉一样悦耳。）

女：你村好，你村巷口合杈杈。巷口也杈屋也好，屋角又雕花龙凤，屋檐雕出鲤鱼船。（译文：你的村子好，你的村巷口圆圆的。巷口圆圆房屋也好，屋角又雕刻花龙凤，屋檐还雕刻出鲤鱼船。）

男：几娘卯讲客气话，你村正是好村屯，尽是石街石线门。屋角上高画龙凤，屋檐雕出鲤鱼船。（译文：姑娘不讲客套话，你的村子才是真正的好村屯，全是石街石线门。屋角上高高画着龙凤，屋檐还雕刻出鲤鱼船。）

女：今朝行打岭顶过，岭顶风吹凉了凉。岭顶风吹超蝴蝶，井水煲茶超贵娘。（译文：今天早上从岭顶走过，岭顶风吹着感觉很凉。岭顶风吹招来蝴蝶，井水煲茶招来富贵姑娘。）

男：好风凉，初发东风凉了凉。岭顶吹风超蝴蝶，井水煲茶甘又凉。（译文：好风凉凉，初次吹东风感觉凉凉的。岭顶风吹招来蝴蝶，井水煲的茶甘又凉。）

女：高山岭顶有只井，半井红泥半井沙。半井红泥半井水，流来个几好煲茶。（译文：高山岭顶有一口井，半井的红泥半井的沙。半井的红泥半井的水，流到这里来，正好可以用来好好煲茶。）

男：岭顶有只古井水，井水有泥又有沙，流来个几好煲茶。井水又甘又好吃，返为泡出牡丹茶。（译文：岭顶有一口古井，井水有泥又有沙，流到这里来正好可以好好煲茶。井水又甘甜又好喝，喝井水煲的茶回甘，口齿间犹如泡出牡丹茶。）

图 3－14　龙井村榕树下男女对歌

情歌三

女：江水多，江水流来一对鹅。江水全流鹅全落，风吹个几结凌罗。（译文：江水很多，随着江水流来一对鹅。江水全部流来，鹅全部随江水流落下来，风吹到这里鹅都有一箩筐了。）

男：水面流一对鹅，落江落海又落河，流来个几结凌罗。今日几娘来到几，你队唱歌有几何。（译文：水面流来一对鹅，流落到江、到海，又流落到河，流到这里都有一箩筐了。今天姑娘来到这里，你们唱歌又如何?）

女：牛皮担落广东卖，近处不交远处交。近处交情我卯爱，远处交情我爱心。（译文：用扁担挑牛皮去广东卖，近处不交远处交。近处的交情我不爱，远处的交情我心爱。）

男：今日同讲交情话，远交近交由你吟，十分中意你来寻。兄今不远也不近，知你爱心不爱心。（译文：今天一起聊交情的话，远交近交由你说，十分喜欢你来找。哥哥今天不远也不近，不知你心爱不爱。）

女：松木生高不到洲，松花滴水落人田。滴落人田饭好吃，滴落人村弟好连。（译文：松木长高不到洲，松花滴水滴到别人田里。滴到别人田里饭才好吃，滴落到别人村里和弟弟好相连。）

男：松花滴水纷飞落，样灵滴落妹村田，滴落人村妹好连。讲起你村红粉女，又娇又软好同年。（译文：松花滴水纷纷飞落，很巧滴落到妹妹村的田地里，滴落到别人村里和妹妹好相连。说起你们村里的红粉女孩，又娇美又柔弱正好又同龄。）

女：江边望见朵花袭，手了卯到忆心头。水论迷迷卯过得，为花击死在江头。（译文：江边看见花朵想去取，手够不到心里就想着。江水满多多阔茫茫，人又过不去，为花朵伤心、苦闷，愁死在江头。）

男：今朝行打江边过，远远望中朵花袭，手了卯到忆心头。远远望中了卯到，手拍心头忧了忧。（译文：今天早上从江边走过，远远看中花朵想去取，手够不着心里想念着。远远看中了撩取不到，只能用手拍心头，心中忧愁。）

女：高山岭顶吊茶壶，越吊越高心越孤。越吊越高心越念，几时念得弟交和。（译文：在高山岭顶吊上这茶壶，茶壶吊得越高，我的心越孤单。茶壶吊得越高，我心里越是想着你，想着什么时候才能和你交流合欢。）

男：总要几娘心有意，齐齐作队心卯孤，有朝有日得交和。兄是补铮娘打铁，齐家合近就开炉。（译文：只要姑娘你心里对我有意，我们一起做伴心里就不再孤单，总有一天能交流合欢。哥哥我负责补锅姑娘你负责打铁，大家合欢就可以开灶过日子。）

女：见兄乖，见兄对手是银排。婆刹面前摆灯盏，望你斟油活我心。（译文：看见哥哥你很乖，看见哥哥你的双手是挣钱的手。菩萨面前摆放灯盏，盼望你斟油激活我的心。）

男：几兄生得卯出众，卯并几娘些样乖。婆刹面前摆灯盏，望你几娘活我心。（译文：哥哥我长得不出众，比不上姑娘你这样乖巧。菩萨面前摆放灯盏，盼望姑娘你斟油激活我的心。）

情歌四

女：共你唱，灯草搭桥共你行。共你菜篮担得水，共你鱼枯活得生。（译文：和你一起唱歌，用灯草搭桥和你一起行走。和你一起菜篮子能挑水，和你一起鱼干枯了还能重生。）

男：共就共，灯草搭桥共你行。今日共娘堂歌唱，犹如新水活鱼生。（译文：一起就一起，用灯草搭桥来和你一起行走。今日和姑娘一起歌唱，犹如得到新鲜的水让鱼重生了。）

女：心生生，共弟打塘吃鱼生。鱼熟鱼生通吃了，鱼骨搭桥共你行。（译文：心里有些忐忑，和弟弟你一起打鱼吃鱼生。熟鱼生鱼都吃了，剩下鱼骨用来搭桥和你一起走。）

男：娘是真心念叨我，久久又来心卯生，鱼骨搭桥共你行。娘行一步兄一步，齐家作队并并行。（译文：姑娘是真心想念我，时不时在一起心就不陌生了，用鱼骨来搭桥和你一起走。姑娘走一步，哥哥走一步，一起做伴双双并排走。）

女：圩买白布布贴身，丝鞋合脚你添银。丝鞋合脚你就踏，中意十分你就跟，娘今卯睇弟金银。（译文：在街圩上买白布，白布很贴身，金丝丝绸鞋子合脚你就买。丝鞋合脚你就穿，你真的喜欢就和我在一起，姑娘我不在乎你是否有钱。）

男：万丈红丝放纸烧，入天穿雾又穿云，飞上天空都要跟。兄是家穷单身弟，中意十分你就跟。（译文：万丈长的红丝放纸烧掉，冒烟升到天上穿过雾气又穿过云朵，飞上天空我都要跟着你。哥哥是贫穷人家的单身子弟，你真的喜欢我就跟我在一起。）

女：你舍得，你舍肯连穷苦人。你舍肯连穷苦个，又穷又苦又单身。（译文：你舍得，你愿意跟穷苦的人在一起。你愿意跟穷苦的人结连理枝，又穷又苦又单身。）

男：苦命去抓苦楝木，你舍肯连穷苦人，又穷又苦又单身。屋漏又兼落夜雨，伶仃孤苦卯成人。（译文：苦命人又去抓苦楝木，你愿意跟穷苦的人在一起，又穷又苦又单身。屋漏又偏逢连下夜雨，伶仃孤苦不成人。）

女：你舍得，你舍肯连我两人。你舍肯连穷苦个，两三姐妹共条裙，你卯嫌穷你就跟。（译文：你愿意跟我在一起。你愿意跟我一起吃苦，两三个姐妹共穿一条裙子，你不嫌弃就跟我在一起。）

男：娘是刘三兄蒙正，正是几兄家里贫。你舍肯连穷苦个，望你姑娘唸过真。（译文：姑娘似是刘三姐，哥哥是蒙正，正是哥哥家里贫穷。你愿意跟穷苦的人结连理枝，希望姑娘你认真考虑。）

女：圩买灯盏任你拣，勿拣漏明枉你银。村村都有红粉女，罗个当行你就跟，娘今卯睇弟金银。（译文：在街圩上买灯盏任你挑选，不要挑漏白花你的钱。每个村都有美丽的女孩，你要找一个自己心仪的，姑娘不在意你是否有钱。）

男：摆在面前任你拣，几兄丑陋卯成人。任你拣上又拣落，中意十分你就跟。（译文：我就摆在你面前任你挑选，哥哥几个确实丑得不行。任你随意挑选，你十分喜欢我就跟我走。）

情歌五

女：静静听，静静听娘排出名。第一便排珍珠草，第二排返绿豆青。（译文：静静地听，静静地听我说出我的名字，从珍珠草猜到绿豆青，这么猜下去。）

男：墨水滴落清水里，糊糊涂涂总卯明。排去排返绿豆青。排出真名我欢喜，排出假名我卯拧。（译文：墨水滴落到清水里，模模糊糊总不清晰。猜来猜去还是绿豆青。猜对名字的话我很开心，猜错的话我肯定不乐意。）

女：静静听，静静听娘排出名。第一便排沉香木，第二排返穆桂英。（译文：静静地听，静静地听我说出名字来。第一就猜沉香木，第二就猜穆桂英。）

男：妹精灵，我也跟随你一声。第一便排补铮客，第二排返打铁名。（译文：妹妹太机灵，我也跟随你一声。第一就猜补锅师傅，第二就猜打铁师傅。）

女：静静听，静静听娘排出名。第一便排十四个，第二排返十六名，排出十六就应成。（译文：静静地听，静静地听我说出名字来。第一就排在第十四个名字，第二就排在第十六个名字，排到第十六个我就答应。）

男：妹精灵，排出真名我就拧。排出真名我欢喜，出圩入市好倾情。（译文：妹妹好精灵，猜出真名我就乐意。能猜出真名我好开心啊，出圩入市好谈情说爱。）

女：先日共你栽竹笋，个时笋起又来淋。你在你村得笋吃，娘行路远得遮阴。娘在远村念到我，久久又来共我吟。（译文：之前和你一起栽种竹笋，现在又一起来浇水。你在你的村有竹笋吃，姑娘走路远又能遮阴。你在远村想到我，时不时又来和我一起聊。）

男：新打锁匙交比你，花园卯比别人开。芥菜起心你勿拾，千日有心等我来。（译文：新打制的钥匙交给你，花园不能给别人开。芥菜长出芯了，你不要摘，若有心就等我来吧。）

女：有福真有福，有福得连富贵人。有福得连富贵弟，得连富贵弟跟寅。（译文：有福呀真的有福，有福等到富贵人。有福气的人自然能和你在一起，我能和你在一起就是有福。）

男：贫穷也吃三餐饱，不中富贵吃金银，卯讲得连富贵人。连情也要讲义意，总要有心对得寅。（译文：贫穷也得吃三餐才能饱，没有富贵哪里来的金钱，不要说非要找个富贵人家，找个情人只要情投意合，两厢情愿就可以了。）

情歌六

女：新连你，新新连你新新忧。新新连你不知意，连久正知情意心。（译文：刚刚和你在一起，刚在一起自然有新的担忧。刚刚和你在一起也不知道是否合意，在一起的时间久了自然就知道是否合意。）

男：新连你，日久月长就知心，连久正知情意心。连久正知情义意，日后知意又知心。（译文：刚刚和你在一起，日子久了自然心连心，知道是否合意。在一起的时间久了，两人就能情投意合。）

女：新连情旧望长久，新开水渠望长流。新开水路长流水，卯比旱塘不过秋。（译文：刚刚在一起当然期待两人能长久，就像新开的水渠盼望水能长流。新开的水路盼

望长流水，不能像干旱的水塘那样过不了秋天。）

男：今日连情望长久，长长久久有意头，新开水路望长流。勿谁卯望长流水，卯比旱塘不过秋。（译文：今日在一起盼望长久，长久才有好意头，犹如新开的水路盼望长流水。有谁不盼望长流水，不像干旱的水塘过不了秋天。）

女：吃蔗就吃中央蔗，人说中央蔗水甜。连情就连单身个，人说单身义意长。（译文：吃甘蔗就要吃中间一节，据说中间一节的甘蔗比较甜。相中的人就得是单身的人，单身的人情意长久。）

男：中央蔗水甜好吃，娘也尝来兄也尝，人说单身义意长。侬队连情到白发，打定长跟六十长。（译文：中间一节的甘蔗甜又好吃，姑娘也尝哥哥也尝，人家说单身的人情意长久。我们在一起到白头，跟随你六十年那么长久。）

女：行路跟咱脚赤去，手甲刁泥入口含。跟咱脚赤就送路，是情脚赤就送甘。（译文：走路跟着我们脚印一起去，手指甲叼泥土放入嘴巴尝试。跟着我们的脚步就送行，如果是有情人的脚印就送彩礼。）

男：行路追寻情脚赤，寻见一双又一双，是情脚赤就搭甘。是情脚赤跟踪去，人头落地要连双。（译文：走路追寻有情人的脚印，找到一双又一双，是有情人的脚印就送礼金。是有情人的脚印就跟随过去，至死不渝都要连成双。）

女：实是想，卯想我情我卯来，卯想我情我在屋，贫穷都有日欢怀。（译文：实在是想呀，不想与我在一起我就不来了，不想和我在一起我就不出门了，贫穷也能过欢喜的日子。）

男：日思夜想我情到，今日巧逢我情来，贫穷都有日欢怀。总要我情终来到，心想共情上花街。（译文：一直期待爱情到来，今天刚好爱情来到我这里，贫穷也能过欢喜的日子。我的爱情终于等到了，心里想着和心爱的人一起逛街。）

女：想情走出大门望，望望又返灶口藏。望望又返灶口企，灶门眼泪滴成糖，烧火卯燃都为双。（译文：思念情人就走出大门看望，看看又走回厨房躲起来。看看又走回厨房站着，我坐在灶口，眼泪像糖水那样流下来，柴火烧不起来都是因为想着情人。）

男：几兄时时想着你，等久卯中逆又藏，少寿两年都为双。不思茶饭也为你，井定条命为情亡。（译文：哥哥时常想着你，等了那么久还看不到你，只要能和你在一起，我少活两年也值得了。为了你不思茶饭，命中注定为了你我可以连命都不要。）

情歌七

女：实是想，想情走出随风游。想情去到糖蔗表，共情讲话并糖油。（译文：实在是想念，想跟你到周边游玩。爱情感觉跟糖一样甜，与你谈情说爱就像吃糖一样甜蜜蜜。）

男：想情也是在心想，心顽走出随风游，共情讲话并糖油，十二月天烧元宝，火花飞去共情游。（译文：想你在心里想，还想着跟你到周边游玩，与你谈情说爱就像吃糖一样甜蜜蜜，冬天寒冷烧元宝，火花载着我的心意和你共情游玩。）

女：想情走出岭顶望，岭顶飘摇望你村。岭顶飘摇望你屋，空中屋顶卯中门。（译文：想念你就跑到岭顶，眺望你所在的村庄。站在岭顶远望你的家，只能看见屋顶却看不见门。）

男：想情走上岭顶望，远远望中见你村，空中屋顶卯中门。空中屋顶卯中你，想得多多心尽酸。（译文：想念你就跑到岭顶，眺望你所在的村庄。站在岭顶远望你的家，只能看见屋顶却看不见门。看到屋顶也看不到你，思念更深更心酸。）

女：油柑子熟又生，同年掉久又返行。同年掉久又返连，草鞋踏烂又返更。（译文：油柑子成熟和结果是轮回的，情人失去联系的时间很久了现在又可以相遇来往，草鞋来回走动踩烂了又换新的了。）

男：今日我情又返到，同年掉久又返行，草鞋踏烂又返更。草鞋踏烂又复制，门口大田又复耕。（译文：今天我的爱情又回来了，情人失去联系的时间很久了现在又可以相遇来往。草鞋踩烂了又重新制作了，家门口的田地又重新耕种了。）

女：脚面着掺我舒畅，脚底着掺我卯掉。连有旧情我尽掉，求神卜卦你娇苗。（译文：脚面被水沉浸我心里舒畅，脚底被水沉浸但我对你的情没有落下。你有情我也会尽心对你，求神拜佛保佑你这个好苗。）

男：今日就讲连情话，见妹好心谁舍刁，求神卜卦你娇苗。至怕我情心有变，千祈卯把几兄刁。（译文：今天就聊咱们俩的情感，看见妹妹你这么好心谁舍得骂。最怕我们的爱情有变，千万不要把哥哥我给骂了。）

女：实卯掉，掉情都等石头浮。石头会浮鸡会讲，大江水断不分炉。（译文：实在不能把你忘掉，除非等到石头浮起来、鸡会讲话，等到大江的水断流，我们都不可能分开。）

男：听了我情话样讲，连情讲过卯生疏，大江水断不分炉，江水卯断实卯掉，掉情都等断江湖。（译文：听了我的表白情话，我们就不陌生了，等到江水断流了都不分开，江水不断就不可能忘掉，即使要忘记我也要等到江水断流。）

女：日头大，晒死禾苗掉了田。五六月天掉葵扇，家穷卯舍掉同年。（译文：太阳光很强烈，把禾田都晒死了。五六月的时候只有葵扇可用，家里贫穷却不舍得忘掉同龄的你。）

男：年纪正当十七八，洒尽风流天过天，家穷卯舍掉同年。即有风吹花落地，卯有风吹花上天。（译文：年纪刚刚十七八岁，洒尽风流日子一天天过，家里贫穷却不舍得忘掉同龄的你。只有风把花儿吹落地，没有风把花儿吹上天。）

图 3－15 龙井村男女同耕说情话

情歌八

女：日头大，呜眼上天卯朵云。金银去买遮阳伞，雨伞遮阴佟两人。（译文：太阳很强烈，天上没有云朵格外刺眼。花钱去买一把遮阳伞，我们两人共用一把。）

男：天高无云日头大，我情撑伞遮阴人，佟队遮阴佟两人。共情倾讲思量话，难舍难离也难分。（译文：天高无云太阳很强烈，我们两个有情人共用遮阳伞。与你互诉衷肠，实在难舍难离。）

女：落江吃水叹江凉，卯比风吹欲断肠。连情又得情义意，欲得风流日夜凉。（译文：到江边喝水觉得江水凉快，不让风吹得断肠。我们有情有义，谈情说爱无论早晚都让人感到凉快。）

男：江水清，江水长，南风吹动欲断肠，欲得风流日夜凉。佟队连情讲义意，义重情深百年长。（译文：江水清清，江水长长，南风吹得都要断肠了，谈情说爱自然让人感到凉快。我们讲究情意，情意深重才能长久。）

女：田螺好吃在心堂，眼看我情逆又长。萝卜切丝里等等，难舍难离双以双。（译文：田螺好吃记在心里，我们的情意也留在心中。爱情就像萝卜切丝，要耐心等待，终究两人难舍难分。）

男：难逢难遇情来到，共情讲话到天光。有话在心对面讲，几多欢喜在心堂。（译文：千载难逢的爱情终于到来，我们俩谈情说爱能到天亮。心里话得当面说清楚，说了心里美滋滋。）

女：手巾使烂剩有床，久了卯来忘记情。久了卯来忘记你，面口卯同记得声。（译文：手巾用坏了只剩下床，你太久不来是不是忘记我了。时间久了你不来，都不记得你的模样了，但是我还记得你的声音。）

男：手挽二弦绷二线，见你声音是我情，面口卯同记得声。面口卯同记得你，久久又来情以情。（译文：手挽着二弦绷着二线，听到你的声音就知道是我的情人。虽然不记得你的模样了，时不时来一次才能增进情感。）

女：谷碎拧扫塘里浸，欧舅在心你卯知。我情卯知讲卯念，人闲心事卯闲时。（译文：稻谷碎了就要拿到塘里泡，我的心事沤坏在心里你都不知道。我的心事不说出来你自然不知道，人即使休闲心也难以平静。）

男：我知我情有心事，卯讲出来也卯知，人闲心事卯闲时，欧舅在心对面讲，卯讲出来亮得知。（译文：我知我的情人有心事，不讲出来我也不知道，人即使休闲心也难以平静，心事不要沤坏在心里，要当面讲出来。）

女：分离了，街头人卖分离茶。你便分离有屋入，我便分离无屋家，流头浪荡无人查。（译文：分开了，街上有人卖分别茶水。分离后你有家可回，而我流浪街头无人过问。）

男：分离了，罗只雀儿卯有家，流头浪荡有人查。你便返去成双时，我几卯返卯人查。（译文：分开了，哪只鸟雀会没有家，哪个人流浪街头会无人过问。分离后你回家自然可以成双成对，而我才是无人过问。）

情歌九

女：受管管因因，久了卯来卯讲分。今日偷来讲你听，眼泪长流到脚筋。（译文：在家受管束等各种原因，时间久了既不谈情说爱也不提分手。今天我悄悄地告诉你，眼泪都流到了脚底。）

男：元宝口含吞落肚，心中念着妹今银，眼泪长流到脚筋。鸭蛋放安芳草地，望娘伴我度青春。（译文：元宝含在嘴里吞到肚里，心里将妹妹视如金银珍贵，眼泪都流到脚底。鸭蛋要放在有芳草的地方，盼望姑娘伴我度过青春。）

女：梦中想，想梦中，梦中想你梦中床。谷便有皮包得来，情我无心包得双。（译文：我对你朝思暮想，谷都有外皮包着，有情却不能保证成双成对。）

男：你尽真夫多贤惠，十朝卯出过厅堂，情你无心包得双。天旱火烧八字部，情你击兄命早亡。（译文：你多贤惠啊，十天都没有出过厅堂，有情却不能保证成双成对。我们八字不合，让爱你的我犹如被电击丧命了一样。）

女：黄豆单生一粒米，生死尽望一条苗。想你就像鸡想米，得夜又忧明日朝。（译文：黄豆只长出一粒米，生死全看一棵苗了。想你就像鸡想米，过了这晚又担心明天发生什么事。）

男：丹唛桥头栽古月，同行怕你半途丢，得夜又忧明日转。在个时讲你听嘛，我情人，千祈卯拆过条桥。（译文：我特意在丹唛桥头种下了古月，我们俩一起走，但是怕你半途变心，到了晚上又担忧明天你会转变心意。现在讲给你听，我的情人，千万不要过河拆桥。）

女：坐在木根阴又凉，红线丝鞋要好针。发福罗裙要好带，路远交情要好心。（译文：坐在树下很阴凉，红线丝鞋要有好的针。好的罗裙要有好的腰带，人生路远，谈情说爱要找有心人。）

男：石上无泥种灯草，望娘体贴我花淋，路远交情要好心。兄是家穷浪荡汉，灯盏卯油望你斟。（译文：石头上没有泥土来种灯草，希望你来给我浇水，人生路远谈情说爱要找有心人。我是贫困家庭的浪荡汉子，灯盏没有灯油了，盼着你来帮忙斟油。）

女：兄是山中老画眉，只只山头你都知。吃尽几多山中水，采尽几多花嫩枝。（译文：你是山里的一只老画眉，每一个山头你都知道。吃尽多少山中水，摘尽多少嫩花枝。）

男：今日闻情个话语，计谋胜过老狐狸，采尽几多花嫩枝。兄是家穷贫寒弟，山鸡不及凤凰飞。（译文：今日听你说的话，你才是精灵得胜过老狐狸，不知道摘尽了多少嫩花枝。我就是个家庭贫寒子弟，山鸡怎么也比不上凤凰飞得高。）

女：实是想，时时想你在心肠。十字街头人卖布，好得你来对面量。（译文：实在是想呀，时常在心里想你。十字街头我来卖布，幸亏你来面对面地量尺寸。）

男：新起凉亭人打扇，想你风流日子长，好得你来对面量。八角拧扫作耳坠，周时想着妹鸳鸯。（译文：新建了凉亭也需要有人摇扇子，憧憬着与你在一起的快乐日子，幸亏你来面对面地量尺寸。拿着八角当作耳坠，就是想着和妹妹成为一对鸳鸯。）

情歌十

女：世上无人同我样，月亮喊返作日头。三更担谷禾堂晒，我念无双我卯收。（译文：世上没有人和我一样，把月亮当作太阳。三更半夜挑着稻谷到晒谷场晒，成双成对的好事我没有理由不接受。）

男：单身人在船篷顶，千里江湖都要游，我念无双我卯收。牛角破边作鱼钓，望你重重来活勾。（译文：孤零零的一个人在船篷顶上，千里江湖都要游过，成双成对的好事我没有理由不接受。牛角拆开两半边当作鱼饵，盼望你时时来上钩。）

女：角木斗格四角新，念娘话语重千斤。蜡烛半斤供你点，讲过千年都卯分。（译文：角木斗格四角新，想姑娘的话语千斤重。半斤蜡烛让你点燃，说过保证千年都不分开。）

男：先时同吃生鸡血，行过佛前报过神，讲过千年都卯分。好比开岭落田垌，细水长流总要寅。（译文：以前一起喝过生鸡血，也在神灵面前发过誓，坚定说好千年都不分离。好比开荒岭到田间，总是细水长流。）

女：个瓮水，靓变成个瓮油。靓变成你妻样，兜里衣裳共捞收。（译文：这一摊水，怎么能变成这钵油。我性格大大咧咧的，衣服都不会分类穿着，怎么能成为你的妻子呢?）

男：鸦雀飞高那量得，靓得共娘伴百秋，兜里衣裳混捞收。浔洲结网靓停脚，望你偷私共我游。（译文：鸟雀飞高，哪能量得它飞的高度，可以和姑娘相伴共度百岁春秋，兜里衣服就可以不用分类。我怎么才能在浔洲停住脚步，盼你偷偷地跟我一起游玩。）

女：大江水，卯断流，勿断几娘依复游。将钱去买金戒指，共带千年卯怨愁。（译文：大江的水，不会断流。水不断流姑娘可以反复游玩，拿钱去买金戒指，一起戴戒指千年都不埋怨不忧愁。）

男：今日闻娘个话语，口吃蜜糖甜我喉，共带千年卯怨愁。大布剪成三幅被，怕你掉兄卯到头。（译文：今天听到姑娘的话语，嘴巴像吃了蜜糖一样甜到我喉咙了，一起戴戒指千年都不怨愁。大块布条剪成三件被子，害怕你吊着我的心没有尽头。）

女：样久卯行后背路，后背塘干蕉叶死，我情又讲我来疏。（译文：这么久没有走过村屋背后的道路了，村屋背后的水塘都干了，香蕉叶子都死了，我的情人又说我来得少。）

男：情在人村当家记，真心流连你真夫，兄今会讲你来疏，铁匠面前卯起火，怕你弄兄守冷炉。（译文：心爱的人在别人村里我肯定会惦记，真心希望能当你的丈夫，哥哥说你来得少，是怕好像在铁匠面前不烧火，害得我守着冷冷的火炉。）

女：想情愁，想情卯吃两三欧。想情卯吃三口饭，刀斩手尖无血流。（译文：思念情人啊，思念到吃不下饭，思念到用刀斩手指尖都没有血流。）

男：为妹击成灰色病，标青冷瘦弟今勾，刀斩手尖无血流。真钢刀尖吞落肚，一断心肝二断喉。（译文：思念妹妹到病恹恹的，有气无力，面黄筋起，清清瘦瘦，用刀来斩手指尖都没有血流。心里难受，犹如把真钢铁刀尖吞到肚子里，一是断了心肝，二是断了喉咙。）

二、庆祝歌

水塔庆典

五月初五看龙头，大江龙船竞风流；领导嘉宾到家里，唱起山歌乐悠悠。
水塔高来水塔圆，高高远远映龙泉；映过高楼和大厦，师傅功劳不一般。
自来水来水自来，村村寨寨乐开怀；如今城市一个样，四角洋楼排对排。
今日放水心花开，男女老少上歌台；一赞党的政策好，二唱国家扶持来。
井水甜甜水津津，改革开放成果新；幸福生活全靠党，吃水不忘挖井人。
自古种田交谷官，今日免税在农村；种田养猪有补贴，百姓农民心里欢。
三农政策实惠民，发家致富几精神；不信你去银行睇，家家户户有存银。
改革开放变化大，三十年来面貌佳；水泥路到村公所，交通方便就有财。
千层绿水万重山，科学发展第一关；促进经济保民生，和谐社会共登攀。
多谢了，多谢国家来关怀；龙井饮上甘甜水，全靠党恩送福来。
卯唱了，共产党恩难唱齐；共产党恩难唱尽，子孙万代记百世。

贺重阳

秋风起了渐渐凉，天凉记得添衣裳；父母老了谁都想，一首山歌念爹娘。
过去父母把我养，如今儿大走四方；又到重阳九月九，想起双亲泪汪汪。
父母在世不善养，过世之日装排场；几多父母心都凉，白白送儿去书堂。
今日欢度重阳节，欢欢喜喜好热烈；少年也欢老也笑，菊花美酒很特别。
过了中秋到重阳，时逢九月菊花香；重阳九九得相会，千言万语诉衷肠。
金秋时节好时光，端起美酒贺重阳；还唱山歌来祝贺，幸福生活万年长。

三、告诫歌

我来邀妹共学法

桃树年年开新花，柳树年年发新芽；消费权益要保护，邀哥同妹唱普法。

得妹邀我我高兴，喜上眉梢甜在心；法律编成歌来唱，又好记来又好听。
消费权益保护法，妹来编唱望哥答；哪年哪月修正好？又是哪时施行它？
阿哥学法记得清，点点滴滴记在心；二〇一三修正版，二〇一四就施行。
既然阿哥记性好，共有几章几多条？不懂之处哥教妹，望哥一二讲明了。
前后一起共八章，六十二条记心房；铺好条条维权路，打好根根护路桩。
消费权益受保护，好比条条护身符；市场经济在发展，条条大路共同铺。
铺就一条富民路，党为人民谋幸福；造好市场公平秤，十两天平要给足。
各人心中有杆秤，自由买卖讲公平；听讲哥家开门面，经常短两又少斤。
短斤少两哥不做，学法守法记心头；卖油给妹一十两，不会少你一滴油。
法律法规不遵守，雁过拔毛你最牛；那天同你把肉买，里面全部是骨头。
人家卖肉三十五，哥才要你二十六；阿哥赔本你得赚，你还怨我搭排骨。
以假乱真你敢做，你卖狗肉挂羊头；你讲茶油喊我买，回去全是地沟油。
哥拿良心做生意，从不吃妹半分厘；地沟的油我卯有，百年老店金龙鱼。
讲一样来做一样，你把法律丢一旁；总有一天举报你，到时要你悔断肠。
法律手册拿在手，条条读懂记心头；手捧天平做买卖，心底无私我不忧。
见你为人实在差，生吃甘蔗不丢渣；若是你吃我空子，维权我用保护法。
哥的为人哪不好，藕粉捞糖是蒸糕；哥拿油蛋换包子，不吃空子吃面包。
生活不离买和卖，开点玩笑莫记怀；法律法规共学好，葵花朵朵向阳开。
男生就像一首歌，遵纪守法记心窝；与时俱进不掉队，前途越走越宽阔。

依法治国法为大

山歌越唱越有味，好酒一杯想二杯；立法保护消费者，又来邀妹唱一回。
邀妹唱歌我奉陪，邀妹喝酒就碰杯；权益保护你先唱，你来带路我跟随。
首先买卖要公平，童叟无欺要公心；明码标价要足秤，不能九两算一斤。
你开门面我也开，我们都是共条街；明码标价我做到，公平能招八方财。
你开门面搞养生，见你待客蛮热情；那天找你帮捶背，搞得全身到处疼。
热情服务是宗旨，请有专业按摩师；按照规定来服务，你搞其他我不知。
那天见你打广告，养生减肥有高招；哄我交费三千块，效果不佳你不包。
广告明明讲清楚，各项细则你不读；叫你减肥多吃素，你又餐餐吃肥肉。
当初你对我承诺，一月十回帮按摩；现在才得做八次，还差两次是为何？
说你莫把我来怪，那天约你又不来；好比银行去排队，过号你又挨重排。
你讲按摩有特效，三餐米饭随便勺；一个疗程还不到，害我变成水桶腰。

你不按时来调理，如今已过服务期；蛇过田基你不打，过后你才打田基。
当初你讲不反弹，一切质量你包干；如今翻脸不认账，奸商嘴脸暴露完。
以人为本我做到，经营理念我记牢；顾客对我评价好，为何你又发牢骚？
凭张利口到处骗，不管亲疏是同年；好比如今传销犯，个个牢底挨坐穿。
阿哥总是乱说话，桃树你讲开白花；法律面前人平等，经营也有保护法。
好心阿哥才提醒，望妹学法记在心；若是违法做买卖，总有一天变罪人。
阿哥讲话本是真，买卖公平记在心；损人利己我不做，免挨引火自烧身。
学法用法来保护，保持清醒莫糊涂；用心打造良心秤，秤秤称来总是福。
依法治国法为大，依法维护千万家；人人守法尽义务，共栽和谐幸福花。

四、讴颂党歌

社会主义力无穷

发展社会生产力，推动科技见效益；劳动换来千家笑，生活步步上高梯。
提倡节约反铺张，反对浪费讲排场；勤俭持家家兴旺，艰苦奋斗国富强。
社会主义力无穷，市场经济大繁荣；谁敢破坏和扰乱，钟馗抓鬼关进笼。
要在法定圈里边，国企享有自主权；通过企业职代会，民主管理写新篇。
集体经济也一样，民主管理按规章；选举提拔和罢免，选出能干领头羊。
外企外资进中国，不管独资是合作；要依中国法律办，依法保护定条约。
教育发展要加快，社会主义要人才；天上不会掉馅饼，要靠奋斗夺得来。
科学文化太重要，全民教育要提高；各类教学兴办起，依法办学放头条。
自然社会两科学，都要发展不能拖；发明创造该重奖，又利个人又利国。
医疗卫生中西医，防治疾病建功绩；国体集体和个体，共同发展共出力。
发展体育运动好，全民体质得提高；人旺财旺国兴旺，中国百姓多自豪。
文学艺术要发展，办好媒体和论坛；精神食粮出精品，为民献上大美餐。
名胜古迹和文物，非遗传承不疏忽；必须依法保护好，文化艺术展宏图。
专业人才要培养，创造条件领好班；共同建设现代化，科学高峰苦登攀。
理想道德和文化，纪律法制共同抓；五项教育出成果，精神文明开新花。
社会主义不平凡，提倡核心价值观；只要心诚忠孝年，前途越走路越宽。

歌唱十九大

男：幸福港，摆歌台，唱歌表对一排排。

女：我队龙井也来到，山歌献给国情怀。
男：全国人民庆国庆，中国强国更辉煌。
女：港城街道来主办，幸福港里摆歌堂。
男：和谐文明要团结，民族团结一家亲。
女：五湖四海神州地，祖国山河一片新。
男：山歌好比春江水，高山流水共情怀。
女：同声共唱中国梦，万众欢歌在舞台。
男：贯彻精神十九大，强国意志要坚强。
女：全国人民跟党走，同心同建好家乡。
男：现在近平总书记，扶贫政策护人民。
女：全面小康社会好，党是知心领导人。
男：党的核心来指导，中国红旗一片红。
女：全国人民幸福了，国家美好就成龙。
合：喊你唱歌赞腾你，权唱龙批早权梨。
壮：因为含你时间短，劳睇啃寒第二批。

图 3－16　龙井村山歌队歌唱十九大

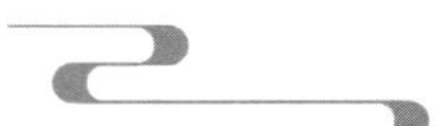

同声歌唱中国梦

合：鸡年过去狗年来，旺旺一年大发财；三月初三民歌节，民族歌声唱上台。
男：日出东边一片红，龙荟花开年年红；立志创新创大业，贵港龙荟更兴隆。
女：先来唱，先唱党新领导先；搞好民族大团结，男女歌声一样然。
男：山歌颂唱十九大，农民心里乐开怀；同声歌唱中国梦，万众欢歌在舞台。
女：山歌好比春江水，高山流水共情怀；全国两会精神好，近平书记有安排。
男：党的核心来指导，中国山河一片红；全国人民幸福了，国家美好建成龙。
女：全面小康中国梦，振动神州大地来；感激党的恩情重，政策惠民实事佳。
男：紧跟中央前进路，民族团结一家亲；五湖四海神州地，中国红旗一片新。
女：实现小康社会好，万众欢呼谢党恩；农民生活幸福了，多谢中央领导人。
男：统一核心来领导，扶贫政策护人民；全面小康中国梦，党来领导掌乾坤。
女：现在近平总书记，国泰民安个个欢；和谐文明要团结，幸福家庭各个村。
男：形势年好年更好，农民生活步步高；党的恩情挂心上，千年叨念党功劳。
女：今日齐家庆歌节，唱去唱来都卯齐；我队留些比你唱，各人卯使等空回。
男：卯唱了，党的恩情难唱齐；年年都有初三节，天缘有份再来回。

学习党史知党恩

学习党史谱新篇，全党欢歌乐心田；华夏儿女多奇志，庆祝建党一百年。
学习党史知党恩，时代步伐日日新；办好实事开新局，紧跟党走是人民。
中华大地意景新，学史明理又增信；学史崇德尽力行，人民感到党最亲。
乡村振兴好精神，传遍中华到人民；远景蓝图十四五，改善民生俭与勤。
全会精神好主张，特色党旗高高扬；深化改革严治党，国泰民安幸福长。
产业兴旺大发展，生态宜居喜连连；治理有效村文明，生活富裕千万年。
现代国家中国梦，克服困难一重重，航天蛟龙名天下，宇宙彰显中国龙。

幸福不忘共产党

个时世界实是好，四处老人酒乐多；老人唱歌叹世界，只叹太平盛世歌。
老了未曾愿老了，白发染齐黑发妈；白发染成黑头发，人老也栽红粉花。
总望人生未紧老，寿到百岁未停留；个个寿到一百岁，奈何桥上讲真由。
世界越来又越好，楼房一个住一间；三餐都是新鲜米，鱼肉不少过一餐。
个时交通实是好，条条大道通北京；条条道路同样阔，汽车摩托跑卯停。

农民种田讲科学，一年两造好收成；两造收成同一样，亩产千斤成有零。
个时世界实是好，入了老年卯使忧；老人个时得钱领，拧来买米又买油。
个时政策实是好，种田卯使公粮先；种田负担减轻了，人人开口笑连连。
惠民政策实是好，对待老人好关心；人到退休年龄到，人人都有养老金。
农村也有歌舞跳，百花齐放日日新；村村都有俱乐部，宣传政策好新闻。
吃水又有自来水，几多欢喜笑纷纷；幸福不忘共产党，吃水不忘谢党恩。
医疗保险真是好，大病小病有报销；健康快乐人长寿，胜似神仙有逍遥。
世间人道亲上亲，孤儿寡老当亲人；政府送衣又送被，新衣穿作几多威。
细子儿童去上学，车辆接去又送返；个样关心样细致，卯使琳身细子难。
细子会行吃饱了，成群结队在里头；学校门门样样有，几多欢喜笑悠悠。
近平领导实是好，一心一意为人民；读书卯使交学费，就是使些饭菜银。
个时出门真方便，处处都有公交车；农民得钱拧在手，想去罗些就罗些。
村里垃圾有人扫，扫得干净又伶俐；四处垃圾都夹齐，卯准灰尘立乱飞。
幸福不忘共产党，富裕不忘改革人；侬队齐齐来作唱，平安吉祥春过春。
卯唱了，共产党恩难唱齐；共产党恩难唱尽，明年齐家又来回。

图 3－17　龙井村妇女唱山歌《幸福不忘共产党》

国富民强万事兴

如果没有共产党，必然卯有新国家；为了人民得解放，一心一意护人民。
多得近平书记好，为民解难得心欢；建设公路村村有，水泥硬化通到村。

只叹国家政策好，分田分地到农民；国家致富民欢乐，有钱照顾到老人。
孩子读书免学费，专车接送到嘉宾；样样门门照顾好，农民百姓笑纷纷。
国家领导实是好，吃水龙头到农民；幸福不忘共产党，吃水不忘挖井人。
改革开放政策好，重重利益到人民；小康生活齐享受，中华儿女也光荣。
也是因为共产党，国富民强万事兴；科技发达经济好，国家必定更辉煌。

第二节　壮族哭嫁歌

在传统社会，龙井村的壮族姑娘出嫁时都要唱哭嫁歌，以哭诉和吟唱的方式为主，哭诉妇女在劳动、生产、生活、爱情婚姻等方面受到的歧视、虐待和压迫，也反映了在封建社会劳动妇女为争取自由而进行的斗争。它的格式相对固定，一歌哭七日或三日，每日哭两个故事情节，每个情节又分为日哭一个、夜哭一个。在龙井村，一般哭三日。哭嫁歌的曲目有《日出歌》《月落歌》《拜祖歌》《出门歌》等十多种。以下是哭嫁歌的部分歌词：

怨爹部分：亲爹呀，今晚开声混吵你，开声哭诉你心烦。亲爹呀，你打长工养大我，我是亲爹心头肉。亲爹呀，生活困难苦楚日，为着家穷早卖女。亲爹呀，水桶样高你就卖，我今十二做鬼奴。亲爹呀，煮粥增多一瓢水，增多瓢水养娇兰。亲爹呀，放米落锅亦擦擦，为何放女有查真。亲爹呀，卖牛卖马三圩价，卖我一朝就讲成。亲爹呀，箢白搭桥慢慢过，我爹嫁女有由我。亲爹呀，黄蜂跃落蜘蛛网，有意寻花受阻拦。亲爹呀，岭脚有种种岭顶，有石无泥怎样生。亲爹呀，人家放女选好婿，你将小女嫁老翁。亲爹呀，饭餐有勿我有论，双对冇匀我愤恨。亲爹呀，千担功劳养大我，盐溶纸烂枉功劳。亲爹呀，少女怎能苦到老，宁愿死落大江游。

怨娘部分：亲娘呀，蓝角袋儿来问命，问你一声就批成。亲娘呀，冇讲半声女幼在，讲了半声女放命。亲娘呀，无影无形就嫁人，白发红颜难结合。亲娘呀，铁打心肠这样硬，忍心要女嫁阎王。亲娘呀，灶头又高女矮细，朝朝洗碗水淋头。亲娘呀，十二月天落大雪，十指落水疼归心。亲娘呀，我替人担山样重，我替娘担纸样轻。亲娘呀，水桶共女同样高，十步十哭泪成河。亲娘呀，你太忍心把女卖，忍心卖女做鬼奴。

新中国成立后，哭嫁歌的内容也有了翻天覆地的改变，歌曲内容变为感激父母的养育之恩，表达自己的不舍之情，提倡男女平等、婚姻自由。为了保护该文化遗产，相关部门开展了保护工作，最终确定了梁丽珍和刘月球等传承人，并培养了继承人，将哭嫁歌代代传承。

图 3-18　2022 年，“蓝衣山歌”传承人梁丽珍、陈建明等人走进龙井小学教学生唱山歌

第三节　百家宴

百家宴是龙井村传统的民俗文化，其前身为“祠堂酒”，是一种祈祷仪式，最初目的是“聚宗亲，商族事，祈丰收，保平安”，大型的百家宴自 2014 年才兴起。村民有钱出钱，有力出力，每家准备一道菜，用餐前先聆听德高望重的族老开宴讲话，强调大家牢记古训、清白做人、勤奋劳作。近些年来，百家宴发展成“三月三”等重要节

庆日，是村民用来招待宾客的特色餐宴。百家宴以多样化的菜肴主要特点，包括熏制、鲜煮、油炸等不同的烹饪方法，尽显地方特色。百家宴用料讲究，食材新鲜，做法独特，用两广人的说法就是“鸡有鸡味，菜有菜味，肉有肉味，鱼有鱼味”。百家宴有荤有素，宾客不必固定在某个位置用餐，而是边走边吃，只要看到自己喜欢的菜就可以停下来夹，还可以与身边食客分享品尝心得，这种用餐方式轻松随意，无形间拉近了彼此的距离。百家宴一般由数十道不同的菜肴组成，反映了村民追求亲友和睦的美好愿望。席中有五色糯米饭、大龙糍、糯米豆腐酿、菜包等美食。五色糯米饭带有原生态草木清香，用嫩枫叶、红蓝草、黄栀子等植物汁分别浸染糯米，然后蒸出黑、紫、黄、红、白五种颜色的糯米饭，寓意“五谷丰登”。

在现代社会，百家宴成为龙井村热闹的筵席活动，共同庆祝重要节日、婚嫁、乔迁等。为了大力传承和发展中华优秀传统文化，让更多的人了解龙井村的风土人情，近年来，每年“三月三”龙井村都会举办百家宴联谊活动。届时，村民身穿蓝衣，与四方宾客欢聚一堂，一起跳竹竿舞、唱山歌、吃壮家饭、喝壮家酒、品尝壮家美食，热闹非凡，亲如一家。

图 3－19　龙井村百家宴唱敬酒歌

图 3－20 龙井村“三月三”传统节日中各族人民齐欢跳

第四节 竹竿舞

竹竿舞，又称“竹杠舞”。竹竿舞在龙井村已有约30年的历史。持竿者姿势有坐、蹲、站三种，变化多样。在有节奏、有规律的碰击声里，跳舞者在竹竿分合的瞬间，不但要敏捷地进退跳跃，而且要潇洒自如地做各种优美的动作。

以前，竹竿舞是村寨中有福分和威望的老人去世后，人们为了祭拜和缅怀先辈所跳的一种舞蹈，通过以碓杵击打竹竿而舞，寨中男女老幼均可参加。随着不同形式的融入和流变，现已成为一种娱乐性的舞蹈。舞蹈形式是将两根大竹竿平摆在地上，两人一对为打竿者，打竿者面对面持小竹竿，把小竹竿架在大竹竿上面，伴随着节奏，两人将小竹竿放在大竹竿上来回滑动；跳舞者为跳竿者，要根据节奏在两根竹竿间跳动并且不能被竹竿夹到。竹竿舞主要模仿动物、鸟兽的动作，如猎豹、画眉鸟、斑鸠等，其动作形态轻巧、活泼、欢快。

图3-21　2023年，龙井村“三月三”传统节日中舞狮跳竹竿舞

第五节　舞狮

舞狮，又称“舞狮子”。汉代即已流行，属于汉族民间舞蹈。龙井村的舞狮文化源远流长，世代相传。舞狮主要分为“文狮”和“武狮”。“文狮”刻画狮子温驯的神态，有搔痒、舔毛、打滚、抖毛等动作；“武狮”表现狮子勇猛的性格，有跳跃、跌扑、登高、腾转等动作。此外，还有采青表演，登高而舞，造型夸张，动作难度大。

民国时期，村民热衷开展文艺活动，村文艺队频繁外出表演。新中国成立后，村中舞狮队始终活跃于舞台上。至1975年，因生产问题村中暂停了舞狮活动，但农闲时村民依旧热衷舞狮子。上龙屯的舞狮队尤为出名。改革开放后，舞狮队由生产队集体性质转为私人组织性质，舞狮队处于游散状态。

直至2000年，村中舞狮队得以重建。舞狮队参与的活动丰富多样，主要活跃于欢度春节、举办大型活动、喜庆酒宴、老人过世、寿星庆祝、乔迁新居、店铺开张以及清明扫墓等。当有人邀请舞狮队表演时，队员们竞相告知，共约前往表演。龙井村舞狮队在当地已经拥有较高的知名度，外地居民也经常邀请舞狮队前往表演。近年来，舞狮队的足迹遍布周边地带，如大圩、覃塘、龙山、白沙、桂平等地。在20世纪90年代，龙井村舞狮队参加过贵县组织的一次舞狮比赛，并取得了第六名的优异成绩。

第四编

经济生活

第一章　农业经济

第一节　新中国成立前的农业经济

一、经济结构与特征

（一）水稻种植

龙井村北面靠山，为中低丘陵、盆地平坦地带，有河流围绕村庄。新中国成立前，村民沿用200多年来的传统耕作方法，一年两造，产量偏低。常用的早稻有乌笃占、八十红、八十早、八十白、六月糯、细油占；晚稻有吕牙占、陆川占、陆川白、中山占、横亦红、散机红等。

（二）玉米、花生和豆类种植

龙井村旱地较少，约110亩，一般种植玉米、花生、红豆、绿豆、黄豆等。村民的种植主要用于自家食用，或作为鸡、鸭、猪、牛等的饲料，也有少量剩余的留作出售。

（三）其他种植

新中国成立前水果种植发展缓慢，果树大部分只限于村前屋后零星种植，且品质低劣，杂果类居多，基本处于自然生长状态。

1955年前后，马尾松有了新的价值，村民们开始采集松脂。油茶是村民食用油料的主要来源，全部穿插种植在马尾松树丛中，这样的林地既可以控制松木的生长，又有利于油茶开花结果，互不影响产量。

二、变迁过程

（一）土地政策

1929年，在党的领导下，村民开展以减租为中心的农民运动。“三乡减租”斗争胜利后，发展了党、团组织，同时，组织了90人左右的“三乡农民赤卫队”向地主夺

取武装政权。抗日战争时期，解放区农民的农业税负担率平均为8%～15%，解放战争时期约20%。

（二）主要耕作技术

播种：新中国成立前，传统的耕耙农具主要有犁、耙、辘轴、刨铲、锹、锶、锄等十多种，分述如下：

犁。铁木结构，为翻耕地的农具，有大犁、小犁之分，也有鸡嘴犁和鸭嘴犁之别。其结构由犁母、犁夹、犁箭、犁壁、犁头五个部分组成。20世纪50年代中期，开始引进新式步犁，轻便好用，至今仍广泛使用。还有一种犁叫双轮双铧犁，用人民公社期间自制的绳索来牵引，因犁身笨重，费工大，效率低，未予推广。到了60年代，开始推广湖南犁，至今仍沿用。

耙。有水田耙和旱地耙。水田耙分为木耙、铁耙；旱地耙分大耙、四齿耙。60年代以前，木耙、铁耙均有使用；70年代至今以使用铁耙为主。大耙、四齿耙在20世纪60年代以前普遍使用，70年代后因花生的普及种植而淘汰。

辘轴。全木结构，主要部件由轴叶、轴框构成。20世纪70年代末期由于缺乏这种大规格松木，使用逐步减少。80年代后被机耙所代替。

刨铲。分平底铲和月字铲两种，旱作区至今仍沿用。

锹。有熟铁锹和生铁锹两种，今已被圆头铲、平头钢铲代替。

锶。有日字帮、月字镄。

锄。有日字锄、两头锄和两齿锄。今仍广为应用。

灌溉：新中国成立前，传统的提水工具有竹筒水车、龙骨水车、摇斗和戽斗等，至今摇斗和戽斗还普遍应用。灌溉以戽斗、吊桶、龙骨水车为主。

施肥：施肥以农家肥、堆肥、绿肥、石灰肥、无机肥、磷肥、钾肥和复合肥为主。

收割机具：新中国成立前，传统的收割工具有镰刀、茅刀、蔗刀、铁镘（土名“豆批”）、豆筛等。

脱粒机具：传统的脱粒工具主要有石磙、打谷桶。

农副产品加工机具：传统的加工工具有水碾、牛碾、石磨、石碓（大小两种）、水碓和油榨、糖榨、芝麻榨等。

运输工具：新中国成立前，农用运输以人力肩挑为主。沿用的传统运输工具有牛车、人力双轮车和独轮车（俗称“鸡公车”）等，新中国成立后仍被广泛沿用。

农业动力机械：主要是各种柴油机、电动机、汽油机。

第二节　改革开放前的农业经济

一、经济结构与特征

（一）水稻种植

20世纪50年代初中期，大部分农民种植的是传统的水稻品种；50年代中后期，政府开始重视农业生产；60年代，农民逐渐淘汰了传统水稻品种；七八十年代，农民开始培育良种。

农民种田多数采用传统的水育秧。水育秧是指在整个育秧期间，秧田以淹水管理为主的育秧方式，也就是水整地、水作床、带水播种，出苗全过程除防治绵腐病、坏种烂秧及露田扎根外，一直都建立水层。这种育秧方式的优点是可以利用水层保温防寒和除秧田杂草，而且易拔秧、伤苗少。缺点是长期淹水，土壤氧气不足，秧苗易徒长及影响根系下扎，秧苗素质差。自1974年始，农民采用了温室育秧，温室育秧是指把秧苗置于温室中生长，适时喷水，待秧苗至1.5叶左右，把秧苗搬到室外炼苗，1~2天后再移栽到田里。但是温室育苗只适用于小面积种植，大面积种植无法推广。

（二）其他种植

新中国成立后，水果种植开始得到党的重视，并逐步有了发展。但是，由于农村政策和体制多变，加上“大跃进”“文革”时期的影响，打击了群众种植的积极性，大量果树遭砍伐，社队集体的果园失管，丢荒甚多，经济效益、社会效益甚低，水果生产处于停滞状态。

二、变迁过程

（一）土地政策

旧中国的土地制度极不合理，大量土地集中在少数地主富农手中，广大农民无地或仅有少量土地，地主利用所占有的土地，残酷剥削农民，严重阻碍了生产力的发展。1950年，全县范围内开展了清匪反霸、减租退押运动，为开展土地改革扫除障碍。土地改革是中国共产党领导广大农民废除封建土地所有制，实现农民土地所有制的革命运动。中央人民政府颁布了《中华人民共和国土地改革法》，贯彻执行依靠贫雇农，团结中农，中立富农，孤立地主，有步骤、有分别地消灭封建土地剥削制度，发展农业生产的正确路线。人民政府进行了以下土改试点工作：

第一，召开群众大会，将宣传教育与调查研究相结合，广泛宣传土改目的、意义，开展多种形式宣传教育。

第二，将交心诉苦与清匪反霸斗争相结合，通过依靠贫雇农，团结中农，进行清匪反霸斗争，彻底消灭封建势力。

第三，政治上彻底打垮地主威风，没收地主土地财产及征收富农出租部分土地，彻底搞垮地主经济，消灭封建势力。

第四，召开胜利大会，公布总结战果与经验，评出功臣模范，制定土改后生产计划。

经过土地改革，废除了封建土地所有制和地租剥削，实现耕者有其田。全村无地、少地农民分得了土地，还有房屋、耕畜、农具等生产生活资料，长期被封建生产关系束缚的农村生产力得到了根本解放，生产经营方式也发生了根本变化。

1953 年，贯彻中共中央《关于农业生产互助合作的决议》和“党在过渡时期的总路线”的精神，加快了农业合作化的进程，建立了初级农业合作社。农民成立农民协会，人民政府依据《中国人民政治协商会议共同纲领》第二十七条“保护农民已得土地所有权”，《中华人民共和国土地改革法》第三十条“土地改革完成后由人民政府发给所有权证”的规定，向农民颁发土地所有证。

1954 年，农民以土地、农具入股，保留生产资料私有权，按劳分配与按股分红结合，转入初级农业生产合作社。

1956 年，根据中共中央《1956 年到 1967 年全国农业发展纲要》将初级农业生产合作社转为高级农业生产合作社。

1958 年，贯彻中共中央提出的“鼓足干劲，力争上游，多、快、好、省地建设社会主义的总路线”和《关于在农村建立人民公社问题的决议》，全村掀起了人民公社化运动。大搞“丰产田”，大放“水稻高产卫星”，把民房拆下来的旧泥砖打碎做肥料。

1962 年，贯彻落实中央颁布的《农村人民公社工作条例（修正草案）》及“四固定”① 政策，以土地改革和农业合作化为基础，根据实际情况对农村集体所有的土地、牲畜、农具、劳动力进行统一调整和固定，本着属地原则兼顾有利生产和方便管理，将土地等生产资料划归就近的生产队集体所有。

“文化大革命”期间，广大农村基层干部和群众抵制了“四人帮”的干扰和破坏，

---

① “四固定”即“固定土地、固定劳力、固定耕畜、固定农具”，是中国在 20 世纪 60 年代初推行的一项重要农业政策。

坚持粮食生产，粮食生产获得了好收成。

1978 年，党的十一届三中全会提出了改革开放的任务，指出实现现代化是一场广泛、深刻的革命，要求大幅度提高生产力，多方面改变同生产力发展不适应的生产关系和上层建筑，改变一切不适应的管理方式、活动方式和思想方式。在总结新中国成立以来农业发展的经验教训的基础上，全会深入讨论并原则同意《中共中央关于加快农业发展若干问题的决定（草案）》和《农村人民公社工作条例（试行草案）》；制定了加强农业的措施。水果生产和种植业迎来了转机，各级党委认真贯彻“决不放松粮食生产，积极发展多种经营”的方针，广大农民把发展水果生产当作脱贫致富的重要生产项目来抓。随着农村经济体制改革的深化和产业结构的调整，水果生产得到迅速发展。贵县改革农业经济体制，推行家庭联产承包责任制，解决了“平均主义”“吃大锅饭”的问题；提高和放开了农副产品价格，恢复集市贸易；正确指导和积极引导农民发展农副业生产和发展多种经营；调整了农业内部结构，进一步解放了生产力。

（二）主要耕作技术

播种：20 世纪 50 年代，大型拖拉机、中型拖拉机主要引进国外的热托－35、格森－35、德特－28 等型号。60 年代后期，开始推广使用工农系列手扶拖拉机。70 年代后，开始大量生产国产中型拖拉机，配带有机引三铧犁、机引耙（星形耙）和拖卡以及小型拖拉机。

1958 年，人民公社木工厂自制木质铁夹插秧机。后因制造质量不好、效果差，没有得到推广应用。60 年代中期，开始推广使用广西 65－2 型人力插秧机，至 70 年代得到广泛使用。1977 年开始推广使用机动水稻小苗不带土插秧机和小苗带土插秧机。功率以 3～4 马力的汽油机或柴油机作为动力，其结构为坐式或自走式，1 人驾驶，3 人操作。

灌溉：以抽水机为主。新中国成立后，推广应用的排灌机械带有离心水泵，是以柴油机或电动机为动力的提水排灌机械，于 60 年代始用。

施肥：合作化以及人民公社期间，农户都有向生产队上交农家肥的任务。农家肥的分级评定工分为：猪粪每百斤 10 分，草木灰每箩 5 分，牛粪每百斤 5 分，所得工分参与生产队的年终分配。至二十世纪五六十年代，水稻病虫害的发生面积逐年增加，村中开始大力推广综合防治、科学防虫的技术。

植保机具：人力喷雾器从 1959 年始用，型号有工农－16 型和 555 柄型。机动喷雾器有配备 1.6 马力汽油机的喷雾器，有担架式配 3 马力属工农－36 型喷雾机，于 70 年代始用，80 年代停用。喷粉器有人力喷粉器和机动喷粉器两种。人力喷粉器又分手摇胸挂或背负式两种，于 60 年代始用，80 年代停用；机动喷粉器有背负式和担架式两种，配套动力为 1.6～3 马力汽油机，于 80 年代停用。至今，农民主要使用的是单管人力喷雾器和柄型人力喷雾器两种。

收割：以耕整机为主，新中国成立后推广人力脱粒机和动力脱粒机。人力脱粒机于50年代普遍推广使用。动力脱粒机又分稻谷脱粒机和玉米脱粒机。稻谷脱粒机于60年代中期始用，有机动、手摇式两种，70年代在玉米产区得到推广使用。50年代中期后，陆续推广使用碾米机、粉碎机、磨面机、榨糖机、榨油机、打浆机、食品加工机等。70年代，基本实现了农副产品加工机械化。

运输：50年代初中期，主要沿用传统的运输工具。50年代后期，农用运输工具不断改革，大牛车改为中牛车，人力木板胶轮车改为铁圈胶轮车和汽轮车。至70年代，自行车成为主要的运输工具。50年代，煤气机仍然属于主要的农副产品加工动力，因其性能差，启动比较困难，至70年代逐渐被柴油机、电动机代替。

第三节　改革开放后的农业经济

一、经济结构与特征

（一）水稻种植

20世纪80年代，村中开始推广旱育秧，选用土层肥沃、质地疏松、背风向阳的酸性旱地作苗床，把秧地整畦，每畦一米左右再施上基肥，把畦地整平再铺上细土，把谷种撒播上后依次盖上一层细土和薄膜，半个月后拔苗移栽；普遍选用有利于稳产高产、有较强抗病虫害的水稻品种和种植技术。90年代初，开始使用秧盘育秧和抛秧技术。

80年代主要是温室泡发稻谷种子，待稻谷发芽就到田地里播秧苗（俗称“撒秧”），秧苗地保持一定的温湿度，待秧苗长到20厘米左右就可以拔秧苗分种到水稻田间，即插秧。90年代末，陆续使用塑料秧苗托盘（秧盘）放在地里播秧苗，还陆续使用塑料棚（薄膜）来协助育秧苗。秧苗成熟后，连托盘一起拿起转移到水稻田里插秧或者抛秧，托盘育秧苗确保了根系不过多扎根到深土里，给拔秧苗带来了方便，减轻了劳动强度，节省了劳力，也更好控制秧苗基地的湿度和温度。从90年代末开始，抛秧技术开始流行，减轻了劳动强度，也大大解放了插秧的劳力，俗称“懒人插秧”，得到广大村民的接纳和使用。

目前，龙井村约有1700亩土地用于种植水稻，产量约900斤/亩，共计153万斤；一年两造。水稻田松土一般在每年的3—4月，松完土地后开始育苗，清明前要完成育苗。如果天气暖和，水稻就得在五一前种完。秧苗种植后大概15～20天就可以施肥，生长周

期通常为4个月，即110～120天。八月份就可以收割水稻，收割前要进行育苗，收完稻谷后还要开展犁田、耙田、插秧等工作，到十一月左右就可以进行第二季的水稻收割。

（二）龙眼种植

20世纪90年代，上龙屯率先引进嫁接龙眼树，主要在村后的旱地——大园种植。龙眼树苗由地方政府和龙宝集团供应，主要品种为石硖龙眼、储良龙眼、大乌圆等，由于收益良好，很多村民也在自家山上或者自家旱地里挖坑种植，一般每棵龙眼树前后间隔三米左右。日常除了除草、施肥及浇水外，最重要的工作是修剪枝丫，把果树多余的枝丫和收果后的凌乱枝丫修剪，以保障肥料供养充足，在控制一定数量成果基础上，以追求果的品质为主。修剪后还要用绳子等拉扯龙眼树枝，使其往外伸展，以免树枝往上长太高。前几年的果树几乎保持在人站着就能顺利把龙眼摘完的高度。成活后第一年的果一般不留，第二年或第三年开始结果有收成。龙眼结果一般分大、小年，如果大年丰收，小年收成则一般，但是村民通过修剪枝叶等技术也能保障每年有好收成。21世纪初，当地龙眼树渐多，市场价格不占优势，龙眼的经济收入减少，村民们开始疏于管理，至今大多数龙眼树是任其自然生长，仅少数人家将多余的龙眼出售。龙眼已经不是农民经济收入的重要来源，转而变为供自家和亲朋好友分享食用的季节性水果。

（三）茉莉花和泽泻①种植

20世纪90年代，龙井村村民积极响应政府呼吁，几乎各家各户都种植茉莉花，主要在旱地或部分自留地种植。村民将采摘的新鲜茉莉花骨朵（即将开花的饱满白色花骨朵，此前花色偏黄）运到一九一医院附近零售，一般是午后至傍晚太阳下山前为采摘黄金期，茉莉花骨朵的收购价格主要有两种：天晴时是2～3元/斤，下雨则降至0.5元/斤，因此村民往往当天采摘当天销售。一九一医院附近有专门收购茉莉花的商贩。

至21世纪初，部分村民开始尝试种植泽泻。由于龙井村水田面积不多，种植泽泻会占用主要农作物——稻谷的种植面积。因此只有少数人（多为村干部、党员或其他进步村民）敢于尝试，主要收挖泽泻球茎，控干烘干后售卖。当涨至1.5元/斤的价格后，陆续有不少村民也加入了泽泻的种植队伍。后因价格不占优势，同时收挖泽泻球茎较麻烦，且控干烘干的技术和工序较之稻谷繁杂，几年后，村民们便不再种植泽泻，又转为种植水稻。

（四）蔬菜种植

龙井村的蔬菜种植几乎是自给自足，但是依然有少部分村民以种蔬菜作为主要的家

---

① 泽泻，泽泻科泽泻属多年生水生或沼生草本植物，可作中药。冬季茎叶开始枯萎时采挖，洗净、干燥，除去须根和粗皮。用于小便不利，水肿胀满，泄泻尿少，痰饮眩晕，热淋涩痛，高脂血症等。

庭经济收入来源。村民一年四季均有蔬菜种植，冬季除少量用黑色遮阴网保护蔬菜，其余多为露天的传统种植。蔬菜种类主要为当季蔬菜，如菜心、竹筒菜、空心菜、芥菜等。

（五）其他种植

1985 年前后，当地政府和林业部门实行飞机播种，当地的荒山实现了绿化。仙人山上种植了大约 3000 亩马尾松，也相继承包出去。1995 年前后村民纷纷开始种植松木，采集松脂。2005 年，随着采脂量的减少，村民又将采过脂的松木卖给木板厂。龙井村充分发挥地处城郊的优势，发展现代农业，建成了面积约 250 亩的无公害蔬菜种植基地，通过土地整治和保护建成了玉米、圣女果种植基地。

至 21 世纪 20 年代，龙井村约有 300 亩土地用于种植花生，100 亩土地用于种植玉米。一亩土地能收成晒干后的花生约 360 斤，能榨花生油约 120 斤。一亩土地能收成玉米900～1000 斤，晒干后的玉米市场价约 1.1 元/斤。玉米最早种植时间是正月过年松土后。

二、变迁过程

1984—1986 年，广西的自然灾害频繁。春播前后的严重霜冻和长时间低温阴雨，入夏后的冰雹、风灾和涝灾，接着又是全区性干旱，全年粮食作物受灾面积约占播种面积的 60%，加上农田水利工程老化、失修，灌溉效益严重下降，政府对农业投入相对减少，缩减了粮食种植面积，因而全县粮食生产连年滑坡。

1986 年以后，县政府总结了粮食滑坡的经验教训，采取了一系列措施：

第一，加强农田水利工程的维修配套，新增水利项目工程。

第二，大力推广“双杂”（杂交水稻、杂交玉米）高产良种，提高科学种田水平，主攻单产。

第三，建立粮食基地和商品粮基地。

第四，解决农用物资如化肥、农药、农膜等的供应紧缺和价格不合理等问题，从而增强了农业发展的后劲和抗灾能力。

2022 年 12 月 22 日，港北区人民政府关于加强耕地保护禁止耕地“非农化、非粮化”发出通告：

为深入贯彻执行党中央、国务院关于加强耕地保护和保障粮食安全的决策部署，依据《中华人民共和国土地管理法》《基本农田保护条例》《中华人民共和国农村土地承包法》等法律法规和文件要求，严格落实耕地用途管制，坚守耕地红线，坚决制止耕地的“非农化、非粮化”，现将有关事项通告如下：

一、耕地划分及用途

耕地分为永久基本农田和一般耕地。永久基本农田是国家依法划定的优质耕地，重点用于发展粮食生产，特别是保障稻谷、小麦、玉米三大谷物的种植，国家实行永久基本农田特殊保护制度；永久基本农田以外的耕地为一般耕地，主要用于粮食和棉花、油料作物、蔬菜等农产品及饲草饲料生产。

二、保护耕地“八禁止”

（一）禁止占用耕地建窑、建坟或未经批准擅自在耕地上建房、挖砂、采石、采矿、取土，堆放固体废弃物等非农建设。

（二）禁止占用永久基本农田发展林果业和挖塘养鱼。

（三）禁止违规占用耕地挖湖造景。

（四）禁止违规占用耕地绿化造林或超标准建设绿色通道。

（五）禁止占用耕地种植苗木、草皮等用于绿化装饰以及其他破坏耕作层的植物。

（六）禁止新增占用耕地建设畜禽养殖设施、水产养殖设施和破坏耕作层的种植业设施。

（七）禁止买卖、流转耕地违法建设。

（八）禁止闲置、撂荒耕地。

三、依法严惩非法占用耕地行为

对非法占用基本农田或一般耕地的单位或个人的违法行为，责令限期改正或者治理，逾期不改正、不治理或拒绝纠正违法用地行为的，扣除耕地地力补贴，非法占用耕地从事非农业建设的，按300～1000元/平方米进行罚款，并依法申请强制执行，清除地面上附着物，复垦土地，恢复土地原状；对违法占用永久基本农田5亩以上或违法占用一般耕地10亩以上，构成犯罪的，交由司法机关依法追究刑事责任。

2023年4月15日，根据《广西壮族自治区农业农村厅　自治区财政厅关于做好2023年耕地地力保护补贴项目实施工作的通知》（桂农厅发〔2022〕163号）和《港北区人民政府办公室关于印发2023年港北区耕地地力保护补贴项目实施方案的通知》文件精神，龙井村为确保按时完成耕地地力保护补贴资金发放工作，将龙井村2023年耕地地力保护补贴面积进行公示。

三、主要耕作技术

播种：机耕船主要用于深泥脚水田作业，20世纪80年代开始推广使用。耕整机，即微型手扶拖拉机，是近几年才推广使用的一种小型农业机械，配套功率为3～6马

力，其油耗少、功效高、适应性广，主要用于犁耙田、抽水、碾米、发电等作业。实行家庭联产承包责任制后，适合农民独户购买使用。耕整机轻便灵活，适应性能好，配有旋耕机和双铧犁，能从事多种农田作业；可配水泵排灌及农副产品加工机械，提供粮食、饲料、榨油、木材等加工动力，方便城乡短途运输。

灌溉：20 世纪 80 年代，部分村民开始使用微型水泵。随着村中人口规模扩大，古水井已不能满足村民的日常需求，村民饮水只能到有限的古井或横碑河边挑水喝，饮用水无安全保障。龙井村委党员干部挨家挨户走访村民，发动全体村民团结共商，共建水塔。资金一部分由自治区财政补贴 18.5 万元，一部分由村民以 170 元/人的标准筹集，共筹集资金 57 万元，大家同心协力最终于 2009 年建成水塔，解决了长期以来的饮水困难。

收割：20 世纪 80 年代前主要是人工收割，割下的稻谷人工挑（有些用牛车拉运）到晒谷场，有专门碾压稻谷的石臼，用牛来拉动石臼碾压稻谷，再由人工把多余的稻草秆和叶子等拣出进行稻谷分离，然后翻晒，稻草晒干当柴火烧，或者充当牛的食料，少部分混合牛粪猪粪沤肥。80 年代逐渐使用脚踩的打谷机，大大节省了打谷的劳力。90 年代至今，村民普遍使用割晒机，该机器结构简单，在大块干硬田地，禾高适中，密度较大，湿度低、稻草不倒伏时作业最好。脱稻谷主要使用双锥滚筒动力脱粒机，生产效率高，脱粒干净，故障较少。后来，村民对动力脱粒机的喜好朝着小型化方向发展，部分村民喜欢用半机械化的人力脱粒机。20 世纪初，开始有江浙一带的农户在收稻谷的季节开来收割机，各家请他们帮收稻谷，龙井村村民只需要去田间把稻谷拉回家里晒干即可。后来有村里或邻村农户购买收割机，到农忙时节，有外来的收割机，也有村里邻村的收割机到田间，各家各户出钱请他们帮忙割稻谷即可，解放了劳动力也减轻了收割稻谷的劳动强度。

运输工具：20 世纪 80 年代后，双轮铁圈牛拉车、人力汽轮车、自行车基本代替了传统的运输工具。加上大中型拖拉机、手扶拖拉机的广泛应用，至 1989 年，村中绝大部分运输作业实现了机械化或半机械化。2023 年 4 月 12 日，贵港市港北区农业农村局发布关于变型拖拉机清零工作的通告，根据《农业农村部办公厅　公安部办公厅关于进一步加强拖拉机安全管理工作的通知》和《农业机械安全监督管理条例》等文件精神及相关法律法规要求，对注册登记达 10 年使用期限的变型拖拉机进行注销，该项工作于 2023 年 12 月 31 日前全部完成。

农业动力机械：常用的柴油机有 S196 型柴油机和 2105 型柴油机。电动机有各种功率的鼠笼式电动机。

第二章　林业经济

第一节　山林概况

龙井村绝大部分为山地地形，山体多为石头，整个村庄呈现典型的喀斯特地貌。部分山体表面覆盖着一层薄薄的未被雨水冲刷掉的土壤，石山土层薄，有的山体甚至没有土壤覆盖，岩石大面积裸露。复杂的山体结构加上坚硬裸露的岩石，导致了龙井村的山体开发难度大。此外，石山以碳酸盐类岩石为主，岩石成分单一，含有少量的二氧化硅，缺乏其他元素，不利于树木以及其他植物的生长，植被覆盖率低；石山山体比较笔直，倾斜角度大，难以存储雨水，山上的树木生长较为矮小，难以成材。

龙井村最常见的树木是马尾松。马尾松喜光，生存能力强，适合种植于较为干旱、贫瘠的红壤、砾石土及沙质土，也能够生长在岩石缝中，还有利于促进村中荒山逐步转化成森林。新中国成立前，村民对山林管理较少，村中种植林种以用材林为主，树种多为马尾松，经济林以油茶为主。山林以天然林居多，人工林居少。新中国成立后，村民利用山林资源提高经济效益，山林人工林比例有所上升。

第二节　山林的发展历程

新中国成立前，林地林权归当地地主和富农所有，中农、贫农所获林地甚少或没有，村民对荒山上的天然松树林无权管理或干预。新中国成立后，山林所有权收归国有，村民才逐渐介入管理或干预树林种植业。

1953 年土地改革时，分配给农民个人的土地归农民个体所有。随后农村开展互助合作化运动，通过集体组织，大力发展林业生产，村民发展林业积极性有所提高。

1954 年，村内推行山林使用权的新政策，即以屯为单位，按人口数量将山林使用权划分至各屯的生产队。

1956 年春，合作化运动发展迅速，村民积极响应政府号召。“发展林业，绿化一切

可能绿化的荒山、荒地”和“必须依靠农业合作社造林，实行社种社有”的林业发展政策，使荒山被进一步消灭，山地植被覆盖率和森林绿化率有所提高。同时社员受到鼓舞，在自家住宅旁种树，归属权属社员个人。同年，合作化运动结束，完成了对农业的社会主义改造，村中的所有山林都归入合作社，归属权为高级农业生产合作社集体。

1958 年，大炼钢铁运动中不少地方的树木砍伐现象严重，但是龙井村对山林的树木保护较完好，人为性破坏山林的情况较少发生。人民公社建立后，原高级农业生产合作社集体所有的山林归人民公社统一经营管理，村中林业所得经济收益也由人民公社支配。

1960 年，人民公社核算方式由一级核算转为二级核算，山林权属重归大队经营管理，村中大队经营的林业收入纳入生产基金。

1961 年，龙井村实行以生产队为基本核算单位的三级所有制，同时落实了“四固定”，山林权属下放至生产队经营管理，收益归生产队。零星的果树、竹木退给社员个人，收益归个人。

1962 年，龙井村将 6000 多亩山林按人口数量分至 13 个生产队。另外 2500 亩山林收归村集体所有。

1964 年，龙井村采取了灭荒行动。村干部组织村民到村集体所有的山林进行大规模种植，种植的主要品种为马尾松。作为一种重要的材用树种，马尾松的特征为树干较直、结构粗、含树脂、耐水湿，树干可采割松脂，叶可提取芳香油，因此种植马尾松能够使村民获得较大的经济收益。灭荒行动制订了合理的计划，各生产队除了要保护原有的马尾松，隔段时间还要种植马尾松幼苗，其中保护任务主要由三龙大队负责，种植任务则交给了村民大队。在村民的共同栽培下，马尾松长势较好，山体逐渐被绿植覆盖。另外，由于村中普遍种植马尾松，导致山林树种单一，群落结构简单，生态系统较为脆弱，容易受到病虫害的威胁，针叶林树种的同质性也会增加火灾的风险。

1970 年，为了维护山林生态安全，保护村中树种安全，村民着手种植油茶。各生产队组织村民采用套种的方式，将油茶套种在松树间缝。村内种植油茶最大面积是 200 多亩。这种将油茶与马尾松套种的方式不仅能够避免山林树种单一，还给村民们带来一定的经济效益。

1978 年，龙井村公所（即龙井村委前身，驻地在护龙屯陈家宗祠附近）继续组织村民种植了上千亩马尾松，提高了山林的森林覆盖率。马尾松林易受松材线虫病感染，松材线虫通过一种松树的蛀干害虫松墨天牛进行传播，一旦受到松材线虫病的侵害，山林的生态环境和其他树木就受到严重威胁。常见的还有湿地松褐斑病，属于病毒性

病害。通过雨水加上脚枝传染，针叶感染病毒后起黄斑，黄斑中有褐色疮点。松树感染后生长不良，严重时会枯死。为了保护山林树种安全，贵港市林业部门对村内山林定期进行检查，一旦有马尾松林出现松材线虫病感染时，就将受感染的枯木进行集中砍伐和焚烧处理，避免造成松材线虫病更大范围的感染。

经过不同历史时期的体制变革，山林的所有权和使用权交织在一起，导致部分山林的权属不清。1981—1986 年的林业“三定”时期，按照“均山到户”政策，山林按照人口数量进行均分，村民的山林面积增加，山林资源个人化和村民个人自然资源收益增加，使村民砍伐树林意愿提升。改革开放后，农村实行土地联产承包经营政策，村中原来的生产队集体耕种的土地或山林，按户重新分配给农民个人承包经营。1981 年，根据国家规定：“国家所有、集体所有的森林、林木和林地，个人所有的林木和使用的林地，凡是权属清楚的，均应稳定不变，凡有条件的地方都应该划给农民一定数量的自留山植树种草，长期使用。”这些规定和政策使得村民个人的山林产权更加明晰。

1982 年，村民将私人山林的马尾松树林和生产队的松树林进行了集体砍伐，用来售卖、建造房屋和用作生产生活燃料。经过集体砍伐后，山林植被覆盖率大大降低，随后村民们对山林实行封山育林行动，持续时间长达 8 年。

1985 年前后，贵县人民政府林业部门对贵县的山林实行较大规模的飞机播种。播种范围包括龙井村山林，龙井村山林因此受益。马尾松树林正是飞机播种后的结果，树林面积大量增加，林地植被覆盖率明显提高。

1986 年，政府提出“全封、轮封、活封”的封山育林办法，禁止村民砍伐松枝作柴用以烧石灰窑、砖瓦窑、陶瓷窑。设立封山育林防火标识，如“封山育林，人人有责”“封山育林、养水保土”“封山育林、优化生态、美化环境”等。

新中国成立前，村中无专职的护林防火组织机构和设施，秋冬时节受人为因素如生火取暖煮食、焚烧树枝和乱丢烟头火种，以及天气干燥等综合因素影响，森林火灾的不可控性较强。新中国成立后，贵县人民政府每年初均采取多种措施加强对群众进行护林防火的宣传教育，村民森林防火救火意识有所提高。一旦发生森林火灾，村干部和村民们迅速行动起来扑灭山火。但是，由于护林防火措施落实有一定难度，护林灭火行动也有一定的滞后性。1973 年，村内专设护林员岗位，护林员工资由村大队支付，大队安排固定人员当护林员，护林员可以记工分。直至 1981 年，持续了 8 年的护林员岗位被撤销。

1986 年，政府相关部门在飞机播种林区设立专职护林员，龙井村重新设置护林员岗位。护林员由政府林业部门派遣，由政府发放补助工资，工资为 600 元/年。此外，

村干部与村民们积极贯彻“预防为主，积极扑灭”“自防为主，积极联防”的方针，制定了护林防火公约，把防火责任落实到村、到队；实行奖罚制度，对护林有功的村民进行奖励，对毁林烧山人员进行相应惩罚等，有效地减少了森林火灾的发生。

2007 年，为了提高集体所有经济收入，村集体 2500 亩马尾松树林被砍伐，改种速生桉经济林，并且承包给私人种植。以前种植的马尾松，大部分不进行售卖，笔直的树木用于建造房屋，弯曲的树木用于烧瓦窑。

2011 年，龙井村恢复了护林员岗位，由政府出工资，护林员相对固定，共有 3 名，每名护林员的工资为 300 元/月。

2014—2018 年，贵港市进行了大规模的植树造林活动，对贵港城区通往周边城市的主干道进行生态加密和提升改造，龙井村辖区有北环快速和贵隆高速路穿过。龙井村加强了绿色廊道建设和生态加密提升改造，森林覆盖率有所提高。自 2018 年开始，贵港市乡村振兴局设立有生态护林员的公益性岗位，主要面向村内的贫困群体，村内共有两个名额，每名生态护林员的工资为 1 万元/年。

2017 年，为了推进贵隆高速公路工程项目的建设，龙井村砍伐了 45 亩马尾松林。

2021 年 3 月，护龙屯集体砍伐了原有生产队农户的 3000 亩马尾松林，改种速生桉。

第三章　养殖经济

第一节　养猪

一、养猪历史

龙井村一直有养殖生猪的传统，生猪在家庭副业中占有重要位置。在不同时期，养殖数量存在一定差异，品种也有所不同，但从总体来看，人均养殖的数量不多。

新中国成立前，村民经济收入来源少、人均收入低，村民靠养殖和售卖生猪以增加经济收入。由于当时物资匮乏，饲料少，生猪养殖成本高，加上人民对猪肉的消费能力低，导致村民养殖生猪的数量较少。

1935 年 11 月，贵县家畜保卫会成立。

1937 年 11 月，贵县防治所成立，对一些疫病进行防治，但由于当时医疗设施资源少、技术落后，各种畜禽疫病防治效果不明显。

新中国成立后，随着国内经济水平的提高，人民对猪肉的消费能力也有所提高，村民养猪积极性逐步提高，生猪养殖率一度达到 100%。

1956 年，实现农业合作化后，村内按照要求将社员的猪“评价”入社，集中办猪场，但是存在经营管理难、病死多、生长慢等问题，村中生猪数量有所下降。人民公社化后，村中办集体食堂，不允许社员家庭养猪，生猪饲养量大幅度减少。村中 9 个生产队曾经开办过养猪场，养殖的猪除了卖给国家外，过节时还杀猪分给生产队的社员。

1962 年后，村中社员家庭被允许恢复养猪，发展集体养猪。根据生产队实际情况，生产队的饲料粮，按总口粮的 4% ~7% 提留。

1963 年，村内各生产队开始分给社员部分种猪饲料和自留地种菜。

1970 年，调整生猪收购政策。我国实行派购政策，每收购一头生猪补助饲料粮 30 斤，按生猪重量的 20% 发肉票给养猪户。政府将农副产品采取分派一定交售任务的形式进行收购。

1972 年，实行生猪“购一留一”政策。社员每售给国家一头猪，发给“准证”养猪一头，生产队划给饲料地 0.1 亩，并且奖售一定的原粮、布票、化肥。受国家政策影响，村民不允许外出务工，也无法从事商业，经济收入受到限制。因此，村民专注于种植业和养殖业，村中养猪数量达到峰值，人均养殖生猪两头以上。村民主要养殖的品种是本地黑土猪，黑土猪具有肉质肌纤维多、口感好，抗病能力强，繁殖能力高，耐粗饲等特点，养殖 1 年能长到两百斤左右。随着市场对猪肉的消费需求日益增长，黑土猪养殖时间长、出栏慢，无法适应市场需求，本地黑土猪逐渐被淘汰。

1975 年前后，龙井村开始养殖外国品种长白猪。长白猪全身白色，生长发育快，产仔率高，饲料利用率高，产肉量高，兼具皮薄瘦肉多、养殖成本低等优点。

1980 年后，村民饲养猪的品种基本为杂交猪。作为一种品种优良的猪，陆川猪繁殖能力强，产仔多，性情温驯，县牲畜配种站将陆川猪与外国引进的约克种公猪、长白猪进行杂交，杂交猪体重在两百斤以上，经济效益优异。农村实行包干到户的生产责任制，不再发展集体养猪。生猪不再由国营食品公司独家收购，并且实行“一猪两价”的收购办法。

1985 年 2 月，取消生猪收购，放开生猪价格，议购议销，村民养猪积极性提高，村内生猪养殖业发展较快。

20 世纪 90 年代末，村中养猪的农户数量急剧下降。导致养猪农户数量剧减的主要原因有两个：一是许多年轻人外出务工，家庭缺乏劳动力；二是猪饲料成本提高，养猪周期长，养猪投资风险较大，严重打击了村民的养猪积极性。至 2000 年底，全村生猪的存量仅有 380 头。

2001 年开始，龙井村退伍老兵梁建宝在自家传统养猪经验的基础上，与贵港扬翔公司合作，学习先进养猪技术，扩建成小养猪场，并且使用扬翔饲料。

2009 年，龙井村青年民兵陈伟明、陈伟清兄弟俩利用过硬的养猪技术和丰富的养猪经验，以传、帮、带等方式，把养猪业规模发展扩大到广东、海南等地。最早到广东养猪的兄弟俩，在广东、海南分别达到养猪 300 头以上规模。在他俩的带动下，本村现有上百名村民到广东、海南养猪，开办联营养猪场 70 多个，每个场养猪超 100 头。

2013—2014 年，政府出台了相关养猪扶持政策。对养殖母猪的养殖户进行补贴，每头获补贴 20 元，农户养殖母猪越多，获得的补贴就越多，该补贴政策持续了两年。

2018—2019 年，受非洲瘟疫的影响，生猪易受感染。随后，猪的市场收购价格不断攀升。2018 年底，生猪的价格由原来每头 1000 元左右上升到约 4000 元。

2022 年底，村中养猪农户仅约 10 户，村中没有专设规模养猪场，均为独户圈养，待猪出栏时便有人上门收购。

二、饲养方式

猪饲料有粮食饲料、农副产品加工饲料和青饲料之分。粮食饲料有稻米、玉米、黄豆、红薯、木薯等；农副产品加工饲料有米糠、花生、豆渣等；青饲料有大薸、凤眼莲（水葫芦）、红薯藤、苦荬菜、莙荙菜和各种野菜杂草等。猪的传统饲养方法是猪仔用米粥等精饲料喂养。长大几个月后，用切碎的苦荬菜、苋菜等青饲料加水煮沸，掺米煮熟，称为“猪潲”，一日喂食三餐，这就是传统家庭养猪的喂养方法。

在不同时期，村民的养猪方式略有不同。21 世纪以前，村民对猪的养殖方式均为散养，即把猪放养于村中、周边甚至山林，主要投喂红薯藤、米糠等。人民公社时期，村中办起了集体养猪场，将猪的排泄物沤制成肥，以提高土地的肥力。进入 21 世纪，为了满足民众改造村容村貌的需求，村民对猪的养殖方式由散养转为圈养。

三、猪瘟防治

1955 年 3 月，贵县畜检站成立。1956 年 2 月贵县高牧兽医工作站成立，并设立乡、村普医网点，加强了牲畜防病治病工作。猪常见的疫病有猪喘气病、猪囊虫病、猪丹毒、猪肺疫、猪链球菌病等。新中国成立后，猪瘟仍较大范围流行，政府推行以预防为主的防疫方针，村中开展群众性卫生防疫工作。1955 年，猪病在全县各地大流行，村中有一定数量的生猪感染猪病死亡。贵县人民政府猪瘟防治委员会组织了兽医，到村中给生猪注射猪瘟结晶紫疫苗。经过几年的防治，效果明显。

1957 年起，县内部分猪场及一些集体猪场先后发生猪喘气病，猪死亡率较高。1959 年猪喘气病蔓延，20 余年来此病流行不息。猪临死前呼吸困难，少吃或停食。因群猪圈养，接触传染，防治困难，多种治疗试验均见效不大。最初用多种中草药剂及中西药合并治疗，有一定效果。后使用土霉素、卡那霉素治疗较为显效。

1963 年，猪病再度流行。工作人员进村对生猪注射猪瘟兔化弱毒苗，使生猪提早产生免疫力。此后，坚持常年进行猪瘟病免疫注射，凡注射过疫苗的生猪以免疫卡作标记，提高免疫注射密度，猪病得到了较好的控制。

1977 年，贵县发生猪链球菌病。村内采取防治措施，将病猪分离和消毒，并由兽医对健康生猪注射链球菌苗及用中西药合并治疗等方法，1980 年病情基本得到控制。此后，贵县政府组织防疫站的工作人员到村中为生猪打预防针，因春季气温开始升高，细菌、病菌繁衍速度快，只能集中在春季注射免疫疫苗。对生猪注射免疫疫苗，使得村内生猪存活率提高，提高了村民养猪的积极性。

受 2018—2019 年非洲猪瘟影响，养殖户被责令将自家养殖的猪全部清理活埋，补贴标准按照每头小猪200元、每头大猪500元发放。

四、与猪有关的习俗、禁忌

猪在生肖中排第十二，村民认为“猪运好，得吃自然来”。村民喜欢吃猪肉，主要因为猪肉的价格便宜、肉质好且营养丰富。此外，村民喜欢用猪肉拜神祭祖。虽然有些节日用鸡肉或鸭肉祭拜，但是每个节日猪肉都必不可少。每逢操办红白喜事，村民将猪肉做成各式菜品，如方肉、扣肉、腊肉、腊肠、肉丸等。当然，当地妇女在月子期间少吃甚至禁吃猪肉，而以鸡、鸭肉代之，该习俗主要通过口头相传延续至今。

第二节　养牛

一、养殖品种

龙井村有养牛传统，但养殖数量不多。21世纪以前，龙井村交通不发达，劳动工具少，牛是村中拉车运输、犁田耙地的主要工具。养殖品种主要有水牛和黄牛两种。水牛体格粗壮，被毛稀疏，多为灰黑色；皮厚、汗腺极不发达，因而对热的调节机能差，不耐高温。每年7月是第一批稻谷收获的时间，水牛不耐高温的习性不利于农户从事农业活动。黄牛皮毛呈黄褐色，皮毛不长、汗腺发达，对热的调节能力好，散热快。体质粗壮，四肢强健，蹄质坚实，同时具有耐粗饲、抗病力强、性情温驯、适应性好、遗传性稳定、肉质好等优良特性。黄牛皮可制革，经济价值高。一般而言，耕种需求大的村民优先选择养殖水牛；耕种面积小、耕种需求小的家庭优先选择养殖黄牛。散养是当地最常见的养牛方式，村民将牛放于田间或山上，晚上再将牛牵回牛棚。以牧放为主，冬天早晚加喂干薯藤、黄豆、花生苗等。

二、养牛历史

1935年起至新中国成立初期，瘟病常年流行。牛常见的疫病有牛瘟病、牛巴氏杆菌病（牛出败）、牛甘薯黑斑病（俗称牛喷气病、牛喘气病）、牛炭疽病、牛肝片吸虫病等，许多耕牛因疫病而死。

1949年，牛病严重影响村中耕牛。

1950年，对耕牛打牛瘟病预防针，将村中病死的耕牛深埋。

1952年后，基本消灭牛瘟。全县多处地方耕牛患上牛甘薯黑斑病，后确诊该病为

牛吃烂红薯中毒症。根据专业人员宣传科普，村民不再将烂红薯用于喂养耕牛。

1954 年，牛甘薯黑斑病基本得到控制。经过土地改革，村民分得了土地，政府鼓励村民养牛，发展生产。

1955 年，全县掀起合作化大高潮，初级社的主要生产资料“评价”入社，耕牛入社“评价”，根据耕牛大小、优劣，参照市面牛价评定。

1957 年，农业合作化后，耕牛“评价”入社，不允许私人饲养。耕牛均为集体饲养，大栏管理。

1963 年，允许社员养牛。此后村中耕牛饲养量逐年回升。

1979 年，农村实行家庭联产承包责任制，原生产队集体饲养的耕牛分散到各农户饲养。由于耕牛数量少，户均不到一头，多数为两户以上共用一头。农户为解决耕作畜力缺乏问题，纷纷购买耕牛并重视耕牛的饲养繁殖。

1980 年，各种形式的联产承包责任制在贵县推行，龙井村实行包产到户，耕牛作为生产队的集体所有，按照社员民主讨论的办法，折价搭配到户，作为生产费用。

1981 年，兽医工作站对村中耕牛进行药物驱虫治疗牛肝片吸虫病保健工作，有效减少了疫病的传播扩散，保护了耕牛，村中耕牛的数量得到稳定和增加。

1985 年，取消粮食统购，实行合同订购政策，村民生产积极性进一步提升，对耕牛的需求增加。

进入 21 世纪后，劳动工具不断更迭，牛已不再是村中主要的运输和劳动工具。加上现代农业科技的推广和外出务工农民的增多，村民养牛的数量急剧减少。村民养牛的目的不再局限于农耕，而是为了售卖。当母牛产仔后，村民将小牛养至 1 年之后再将其售卖。

2022 年，水牛的市场价每头 8000 ~ 12000 元不等，黄牛的市场价则每头 7000 ~ 11000 元不等。村中水牛存栏量共计约 50 头，黄牛存栏量共计 5 头。至 2023 年，上龙屯和护龙屯还有养牛户，上龙屯的梁世强就专门养牛，用于销售，而双井屯已经没有养牛户了。

三、与牛有关的习俗、禁忌

每逢红白喜事，村民极少选择牛肉作为菜品。在日常生活中，经济条件较好的家庭才食用牛肉，主要因为牛肉价格偏贵。此外，当地有道公不吃牛肉的习俗。

第三节　其他养殖

一、鸡

鸡是村中最普遍养殖的禽类。以前，村中养鸡基本为散养模式，将鸡放养于住宅附近以及村中角落，只需定时投喂饲料，夜晚再将鸡圈入鸡舍。村民养殖的生鸡为肉、蛋兼用。村民多在夏秋两季饲养生鸡，饲养最常见的种类是本地鸡。本地鸡体型小，耐粗饲，产蛋早，易育肥，肉质美。

人民公社建立后，因村中大集体劳动的需要，村内办起集体食堂，以生产队为单位，生产队组织村民养鸡以供应食堂。村里先后引进澳大利亚黑鸡、来航鸡、新汉夏鸡等良种鸡用于繁殖、饲养。不同鸡种各有优势，村民根据需求养殖不同品种的生鸡。引进的鸡种长势快，体型大，但抗病力稍差。

1979 年后，集体不再饲养家禽。

20 世纪 80 年代起，随着经济的发展，饭店、食堂多购买本地鸡食用，本地鸡市场需求大、畅销，村民饲养本地鸡居多。鸡饲养周期短，半年可出笼，一年两笼，经济价值高，因此，村民养鸡的积极性极高，每户村民的养殖数量在十只到数十只不等。

90 年代起，随着饲料厂的发展，村民使用骨粉、鱼粉、花生麸、玉米粉等混合饲料和饲料厂生产的颗粒饲料饲养鸡，鸡 4 ~ 5 个月便可出笼，生长快，饲养期较之前缩短了 40 ~ 70 天。

2000 年以后，为了保护环境和利于管理，部分村民逐渐采取了圈养方式。虽然鸡的养殖率较高，但养殖规模不大，村中没有形成规模较大的养鸡场。

2010 年后，随着市场经济的发展，村民大部分外出打工，加上养鸡成本增加，村民养鸡以自给自足为主。

二、鸭

村中有少数农户常年饲养鸭，近年发展到个体户群养。新中国成立前，以村民自养自食为主，品种主要为本地麻鸭。本地麻鸭耐热性强，但体型小，体重仅有 1.5 公斤左右，养三个月才能出笼。后来，村民使用混合饲料和饲料厂生产的颗粒饲料饲养鸭，饲养期缩短了数天。

1982 年起，村内引进北京鸭、狄高鸭、樱桃谷鸭。引进的鸭种性情温驯，喜合群，

生长快，肉嫩肥厚，体重在2.5公斤以上，饲养期为50~60天，比本地麻鸭减少了一半，颇受欢迎。

三、鱼

村中养鱼方式主要为池塘养鱼。村中池塘养鱼最早记载于明清时期，新中国成立前，村中富裕人家有池塘则养鱼，贫苦人家即使拥有池塘也无鱼可养。新中国成立后，村中渔业生产发展较快。经过土地改革，村内鱼塘归村民所有，经营形式有独户、联户或轮流放养等数种。池塘养鱼则由过去单一养鲤鱼发展到鲤、鲩、鲢、鲮鱼同时混养。村中池塘放养的鱼多为鲩鱼、青鱼、罗非鱼等品种。

1956年，实现农业合作化后，鱼塘由村中高级农业生产合作社集体经营，放养面积占村中池塘大部分。

“文化大革命”期间，集体鱼塘大多处于年久失修、堤崩基漏、少放养或不放养或只放不养的自生自长状态，故养鱼面积大幅度下降。

党的十一届三中全会后，农业体制实行改革，集体鱼塘的养鱼采用包产、包干到组到人的责任制，调动了群众养鱼的积极性。之后，鱼塘承包制不断完善，放养面积逐年扩大。供食草性鱼类的饲料，生长于地面的有嫩草、果蔗叶、玉米叶、青菜叶等，生长在水中的有浮萍、水葫芦等。这些鱼饲料分布较广，数量较多，营养较丰富，四季均可采集。还可以用碳酸、氨水、尿素等商品肥料肥塘，米糠、麦皮糠、酒糟、花生、黄豆饼、芝麻饼等商品饲料喂鱼。

为增加经济收益，村集体将村中所有的鱼塘承包给他人并收取租金。2022年，每个鱼塘的租金约为4000元。

第四章　传统商业与集体经济

第一节　传统商业

一、村屯商业点

从20世纪80年代起，村屯商业点逐渐增多。截至2023年底，村屯商业点数量达11个，分别为护龙屯6个、上龙屯4个、双井屯1个，主要经营的商品种类是生活用品、日用品和其他杂货。

二、圩镇贸易

1. 传统圩镇

集市贸易，当地村民也称为“圩日”。南京国民政府时期，当地就已有圩日。传统圩镇主要集中在覃塘、大圩和桥圩，其中大圩和桥圩属于贵港市四大圩镇之一。以上圩镇均有各自的圩日，三天一轮转。粤语成为当地赶圩村民使用的通用语。农闲之际，龙井村村民也喜欢到以上几个圩镇赶集。

覃塘是覃塘镇人民政府驻地，在贵城西约21千米，黎湛铁路和南梧二级公路经此，交通便利。覃塘早在明代成圩，圩亭面积大约4600平方米，赶集人数近4.6万人，农贸商品有稻米、生猪、耕牛、家禽、鲜鱼、烟叶、果蔗、马蹄、毛尖茶、莲藕等。

大圩是大圩镇人民政府驻地，在贵城东北约19千米，南梧二级公路经此，交通便利。大圩在明初成圩，圩亭面积大约4300平方米，赶集人数近4万人，农贸商品有稻米、豆类、活禽、木材、蔬菜等；木制家具、铁铸件可供出口。

桥圩是桥圩镇人民政府驻地，在贵城东南约29千米，黎湛铁路和南梧公路经此，交通便利。桥圩在清代成圩，圩亭面积大约7320平方米，赶集人数5万人左右，农贸商品有稻米、豆类、烤烟、草席、生猪、耕牛、禽畜、桑蚕茧、蘑菇、饲料、果蔬、编织袋、羽绒、麻绳、石磨、石碑、木材、竹器等。

此外，龙井村村民常去的小圩是棉村圩和龙山圩。

2. 圩镇发展

1952—1957年，人民政府重视集市贸易，由国营公司和供销合作社召开物资交流会，城乡集市贸易兴旺发达。

1958年，受“左”的思想影响，取消集市贸易。集体产品一律卖给国家，限制私人发展商品生产。

1960年，规定一类商品进行统购统销，二类商品由国家派购，粮食和其他农副产品不能上市。

20世纪60年代初，开始贯彻中共中央、国务院《关于组织农村集市贸易的指示》，国民经济贯彻“调整、巩固、充实、提高”的方针，对集市贸易执行“管而不死，活而不乱”的原则，恢复了集市贸易，发展多种经营和农民家庭副业，允许社队和社员交换自己所生产的商品。

1966年，“文化大革命”爆发后，取消三日一圩的传统集市贸易，限制商品生产和商品交换。

1969年，统一改星期日为圩期，并用行政手段干预群众赶圩，不允许集体产品上市销售，一律只能卖给国家，集市贸易再度冷落。

1978年，拨乱反正后，实行“对外开放，对内搞活”的经济政策，恢复了三日一圩的传统集市贸易，允许农民进城经商，赶圩人数增加，赶圩商品增多。

圩镇的历史见证了市场经济的发展与村民生活水平的提高。20世纪80年代以前，村民主要通过步行或牛车、马车赶圩；80年代至2000年，村民主要通过骑自行车赶圩；2000—2010年，村民主要通过骑摩托车赶圩；2010年至今，村民赶圩的交通工具逐渐实现了便捷化、多样化以及现代化，主要有汽车、摩托车、电动车等。圩镇物品丰富，交通便利，出行自由，村民的购物需求得到极大满足。

第二节 集体经济

近年来，龙井村积极采取以发展租赁型和股份合作型经济为主的思路发展壮大村集体经济。村民充分发挥地处城郊的优势，发展现代农业，建成了面积约250亩的无公害蔬菜种植基地，利用山地种植松树经济林7500多亩。

图4－1　龙井村蔬菜种植基地

图4－2　龙井村苦瓜种植基地

图4－3　百花山风力发电项目

在“一组两会”推动下，龙井村引进了百花山风力发电、火龙果种植基地、草莓种植基地等项目，促进了经济发展。村集体经济收入从2013年的2万元增长到2019年的6万元，后又增长到2021年底的13.68万元。

龙井村引进企业3家，引进企业投资额从2013年的30万元增长到2019年的50万元，后又增长到2021年的800万元。2021年，全村1108户农户共有1107户住上了楼房，大部分农户购买了小汽车，人民生活水平不断提高。

图4－4　龙井村火龙果种植基地

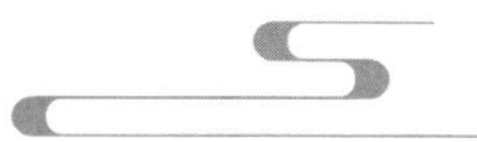

一、北山生态康养旅游景区

北山生态康养旅游景区涵盖了龙井村所有的山林面积，该项目是贵港市2019—2030年规划建设的重点旅游项目之一。该项目目标定位为国家AAAA级旅游景区，在森林生态保护的基础上，多产业融合发展，打造多功能的城市郊野公园、城市生态客厅、旅游集散门户、康养度假基地，建成完整的森林体验产业链和城市休闲项目。村内山林种植7500多亩松树经济林，被全部规划作为景区中的风景游赏用地，项目提供优美的环境空间、较为完善的基础设施设备与优质的服务，充分发挥场地优势、打造森林康养基地。

该项目总规划面积为24.68平方千米，项目规划分为旅游服务设施用地、风景游赏用地、交通与工程用地，旅游服务设施用地约140.9万平方米，风景游赏用地约37.1万平方米，交通与工程用地约45.5万平方米，园地约57.8万平方米，耕地约12.1万平方米，林地约1971.7万平方米。北山生态康养旅游景区范围包括：龙井村沿山脊线、山脚线向东北至凉水山，沿山脊线、山脚线至北山寺，沿山脊线、山脚线向西南至花果山，石牛屯，北环路，龙井村。北山生态康养旅游景区规划打造五片区的结构，主要是凤首（凤仪水镇）、凤翼（桃花源境、北岭仙山）、凤身（穿越秘林）、凤尾（北山禅寺）。

二、百花山休闲谷项目

百花山休闲谷项目位于龙井村内北环路的北面山峰，该项目的规划面积约400万平方米，涵盖了龙井村所有的山峰和山林面积，山峰山脊道路总长约24千米，投资金额1.95亿元。项目从2020年开始动工建设，2022年基本建设完成。2022年10月1日，百花山休闲谷正式投入使用，对游客开放游乐设施，主要有山地越野车乐园、休闲垂钓基地、枫林花海公园等。还有滑翔伞国家飞行营地项目，包括游客接待中心、停车场，适合滑翔伞、动力伞起飞和降落的专业场地等配套设施的建设，总建筑面积约3000平方米。

目前，正在规划建设百花山风车运动公园项目，主要包括城市观景台、风车驿站、百花山谷、风中阶梯、云上餐厅、迎风山地公园、爱情打卡点等设施和场所。百花山风车运动公园凭借优势地理位置，项目功能定位为城市郊野公园、康养度假基地、旅游集散门户。此外，还建设了百花山风电场。百花山风电场安装了风力发电机组，项目总投资约7.7亿元，场区面积约74.7平方千米。百花山风电场位置包括304省道北侧的山脊、港北区中里乡及奇石乡南侧、莲花山南部。龙井村山场的土地承包经营权实现了流转，山地利用率得到提高，山场价值得以不断体现和扩大。

第五章　国家扶持政策

第一节　就业扶贫

截至2022年12月，龙井村共有贫困户28户，其中上龙屯5户，护龙屯15户，双井屯8户。外来投资公司招聘劳动力的时候，往往优先选择贫困户，起到帮农带农的作用，促进贫困户就业。

2022年，村中91名贫困户人均年收入为21000～22000元，其中47名贫困户选择外出务工，务工地点包括贵港城区、贵港市外和省外。部分村民因为特殊原因或者家庭意外成为脱贫监测户，返贫人员也被列入监测名单中，村内有8户贫困户是脱贫监测户，其中有2户是返贫人员。2022年8户贫困户已有4户退出脱贫监测户。

第二节　产业奖补

2016—2022年，龙井村贫困户享受的一项扶贫政策是产业奖补政策，政府通过对贫困户产业扶持来帮扶贫困户并发放奖补资金。贫困户从事种植产业或者养殖产业能获得产业奖补，政府组织相关人员去核实实际情况并根据贫困户种植或者养殖的多少来发放奖补资金。2016—2021年，奖补资金名为“扶贫专项资金”。2021—2022年，奖补资金名为“乡村振兴资金”。2022年春季，龙井村共有12户贫困户获得了产业奖补资金，2022年秋季村内共有14户获得了产业奖补资金。

第三节　就业补助

脱贫监测户享受跨省务工交通补贴，村内脱贫监测户跨省务工只要提供单位开的务工证明或者工资条就能够享受跨省务工交通补贴政策，脱贫监测户一年可获得500～

600 元的交通补助。

在贵港港北区内务工的脱贫贫困户只要提供单位开的务工证明，就能获得县内就业稳岗补助。就业稳岗补助按月发放，一个月补助金额为 200 元，每名贫困户一年之内最多可以享受半年的就业稳岗补助金。脱贫监测户能够享受到的资金补贴属于乡村振兴资金。村中不属于务工的贫困户一般获得的补助收入属于政策性收入。

第四节　社会救济

村中贫困户能够享受低保政策，村中脱贫监测户中有 11 户共计 25 人享受低保政策。贫困户还能享受医疗补助政策，村中原有贫困户所交的城乡医疗保险，按照一定的比例返回贫困户医疗补贴，按照脱贫的年限分成两个档次，2022 年医疗补助的第一个档次是补回 192 元，第二个档次是补回 80 元。医疗补贴是每一年按照一定的比例并逐渐减少的方式给予补助，从 2014 年脱贫攻坚项目开始就有医疗补贴，属于贫困户脱贫的过渡期政策补助，发放的医疗补助随着时间的推移会变得越来越少，医疗补助预计发放到 2025 年。脱贫监测户能够享受的另一个医疗政策是住院不需要交押金，窗口直接结算，医疗报销的金额要高于非贫困户群体。

村中贫困学子能够享受教育补助，专科以及中职高职学生能够享受“雨露计划”教育补助，2022 年本科生不享有“雨露计划”教育补助，村内贫困家庭困难学子获得助学金以及其他补助有一定的优先权。此外，春节期间村干部等工作人员也会为村里经济比较困难的家庭发放慰问金，主要由村收入的情况确定具体金额。

2022 年，国家宣告脱贫攻坚的任务已经完成。2022 年处于一个过渡阶段，村里原有的贫困户已经宣告脱贫。在过渡时期，这些村中原有的贫困户原来享受的政策不变，所享受的政策帮扶可保持至 2025 年。贫困监测户因为享受政策帮扶，生活水平有所提升，家庭经济困难程度不断得到缓解。村内原有贫困户实现了从 2021 年的人均年收入 1. 9 万元到 2022 年 2. 1 万元的提升，村民幸福指数也在不断提高。

第五编

社会发展

第一章　婚姻家庭

第一节　婚姻

一、择偶方式

新中国成立前，龙井村长期存在父母包办、媒妁之言等普遍现象。女性对婚姻缺少话语权，“嫁给谁”“多少彩礼”“什么时候嫁”等均由父母决定。在村中“壮族哭嫁歌”的多处歌词里就明确表达了出嫁女的无奈、无助与悲伤。

20 世纪 50 年代颁布的《中华人民共和国婚姻法》明确规定男女婚姻自由，废止父母包办，全国实行一夫一妻制。龙井村的婚姻程序也慢慢更新，村内禁止“鸡对”（童养媳）、重婚、纳妾，提倡婚姻自由，反对买卖婚姻。

二、婚嫁步骤

村中传统的婚嫁主要包括介绍、相亲、睇屋（看房子）、送庚（年庚，即出生年月日时辰）、留命、议价、下聘、购置物品办嫁妆、登记、请期、迎亲等步骤。

1. 介绍

以前，为男婚女嫁穿针引线的人被称为“媒婆”，20 世纪 50 年代后便称为“介绍人”。介绍人负责向男女双方介绍对方的年龄、品貌、职业、家庭成员及财产情况等，约定好相亲的时间、地点。

2. 相亲

又名“睇人”。在龙井村，介绍人确定了具体的时间和地点后，男方由一个或几个友人做伴，女方亦由一个或几个友人相随，由介绍人引荐交谈。龙井村的壮族青年往往用“对山歌”的方式与女方交流心声。相亲时由男方出钱“请吃宴”。相亲结束后，无论对方是否“合意”，男方都要给女方及其相随友人“利是”（红包）。“利是”金额不等，一般是相亲之女多一点，女伴少一点，相亲“合意”就多一点，“不合意”就

少一点，一些男青年相亲多次，就得花掉几十元甚至几百元。

3. 睇屋

男女双方经过相亲“合意”后，女方带女伴由介绍人领到男方家里“睇屋”，看看男方屋宅的好坏、家禽家畜以及家私摆设等，同时看看家人基本情况，如身体状况、为人处世、家人相处、邻里相处等。

4. 送庚

又叫“问名”。经过相亲和睇屋，男女双方都“合意”后，这门亲事就基本确定下来了。双方同意联姻，女方家长会把联姻之女的年庚送给男方，又名“送庚帖”。

5. 留命

又叫“纳吉”。以前，男方家长把将要成婚的男女两人的年庚，拿给“算命先生”敲定，叫“合八字”，看看男女两人的“命”是否相克，不相克则成，相克则不成。例如男子属“火命”，女子属“水命”，往往被认为二者相克，水火不容，婚事告吹。新中国成立后，龙井村开始实行婚姻自主，信命、“合八字”的人大大减少。有的相爱男女虽然“八字不合”，但是他们也会坚持走进婚姻殿堂。

6. 议价

又叫“讲身价银”。一般先由女方提出要多少“身价银”，男方回复能给多少。随着物价上涨与村民生活水平的提高，至21世纪20年代，龙井村的“身价银”主要在6万至10万之间，由男方托媒人转交或直接转账到女方名下。当然，龙井村不盛行“非有房有车不嫁”现象，超出“身价银”范围的彩礼开支主要由男方经济能力而定。此外，男方需要筹备婚礼的小件物品，如数量可观的衣服、鞋袜以及一定数量的酒、肉、鸡、米、油、豆等。

7. 下聘

在龙井村，结婚之前需要下聘，即男方把双方议定的“身价银”及小件物品送给女方，一般是先送钱后送物，也有把物品全部折成钱送给女方的情况。

8. 购置物品办嫁妆

在龙井村，生活物品是由未婚夫妻共同到圩市购置。由男子出钱给未婚妻买各种不同季节的毛衣、秋装、衬衣、皮鞋、雨鞋、胶鞋、凉鞋、布鞋、梳子、镜、电筒、伞、化妆品、手表等。与此同时，女家忙于给女儿办嫁妆，如大衣柜、被褥、席、枕、桶、蚊帐、电风扇、电视机、单车、缝纫机等，费用主要来自“身价银”。

9. 登记

按照《中华人民共和国婚姻法》规定，男女双方到当地政府登记结婚领取结婚证

才算正式成为合法夫妻，妇女儿童的合法权益得到了法律的保护。男女双方分别到所在队（村）出好证明，一同到乡（镇）政府登记结婚，领取结婚证书。

10. 请期

请期是由男方家庭择定迎亲吉日，并通知女方。

11. 迎亲

准备工作。请迎亲队，在龙井村吹鼓手大多是吹唢呐；贴喜联、布置迎宾厅堂；布置新房（由“有福”的妇女担任，一般来自有儿有女的家庭）；挂红，一般是“拾盟”（盟友）来帮挂红，主要是厅堂门口要挂红，即一块红色长布条等物件把上半部门框围起来，两边布条垂吊下来，此外，婚房蚊帐上也要挂红等；请煮菜师傅（男性为主）、煮饭师傅（女性为主），采购酒席所需物品；请礼司（专门负责接收并登记客人送来的“封包”及礼品）；请“打使”（帮工），负责借盆借碗、搬台扛凳、送水打饭、挑水、择菜、迎宾送客等工作；备好祭祖、拜堂礼品，如三牲、香烛等。

迎亲当天，新郎、伴郎，还有迎亲队一同出发，敲锣打鼓地来到女方家迎娶新娘。新娘由“送嫁”“送舅”陪伴一同出门，新娘一般由“打送（白话音）”陪伴，“打送”一般是新娘家里的妯娌、姐妹、表姐妹以及新娘的好姐妹们等。龙井村至今仍保留“哭嫁”“抢福”的风俗。哭嫁内容主要有：从此以后自己不能留在父母身边孝敬双亲，深感内疚；希望弟妹日后多照料老人；希望亲人今后多来探望。也有哭哥嫂狠心，把自己嫁去远方，甚至哭嫁妆少，等等。“抢福”是指客人送新婚女子的礼品，当女子带着礼品将要到夫家时，其兄弟在门外把其中的一两份礼品“抢”回来，俗称“抢福”。待新郎把新娘接回，举行“拜堂”大礼后，两人便正式成为夫妻。

三、族际通婚

在龙井村，族际通婚的现象较为普遍。村民的沟通语言多用壮语、白话，交流无障碍。改革开放后，族际差异性变小，壮汉民族情感胜似一家人。村内有接近半数人属于村内或邻村通婚，主要通过熟人介绍或自由恋爱走在一起。

族际通婚有利于促进民族交流，维护社会稳定，促进各民族共同富裕。壮汉民族同吃同住同劳动，一起参与乡村振兴建设，一起规划筹办传统节日活动等。族际通婚后，族际礼尚往来的机会更多，探亲访友，共度佳节。有的已婚夫妻热心牵线，介绍双方的未婚亲朋认识，期待亲上加亲。因此，龙井村村民见面，总会以“阿表”相称，即“老表、亲戚”的意思，叫“阿表”也容易拉近彼此关系。通婚后，双方在起居、饮食、服饰、风俗等方面实现文化共鸣与共享，你中有我，我中有你，更增强了中华

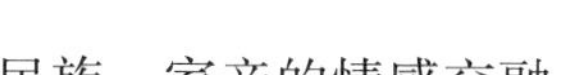

民族一家亲的情感交融。

四、婚后居住

龙井村的婚后居住方式主要是从夫居模式，即女方婚后跟随男方居住。从妻居、两边走的情况极少，孩子寄居外公外婆家的情况也有，主要源于孩子尚未到上学年龄，在爷爷奶奶早逝或身体欠佳、夫妻双方难以照顾孩子的情况下，母亲将孩子托付娘家抚养。待孩子到了上学年龄，她们便将孩子接回身边抚养。在一些家庭，寒暑假把孩子带回娘家，孩子童年也喜欢在外公外婆家度过。

五、婚姻解除

据不完全统计，截至 2023 年 5 月，龙井村的离婚夫妻约 50 对，且以年轻夫妻为主。2000 年以前，村中离婚人数极少，主要源于夫妻双方的包容和对子女的不舍，以及家族的婚姻维护等。随着婚姻自由度的提升和经济独立性的增强，夫妻双方不再采取无限度隐忍的态度，也不再受制于舆论压力，“能过就过，不能过就离”是离婚夫妻的一致立场。

离婚主要原因：夫妻一方对婚姻的不忠或夫妻感情不和。婚姻的不忠，主要体现在夫妻一方长期在外务工或从商，逐渐对另一方生疏、失忠，导致对婚姻的背叛。夫妻感情不和，主要体现在夫妻三观冲突，且难以协调，个别家庭甚至出现暴力事件，如丈夫酒后辱骂、殴打妻子等。

子女抚养：子女抚养是离婚夫妻面临的首要问题。夫妻双方达成协议主要通过以下三种途径实现：其一，当事人直接达成协议。村中有个不成文的惯例，如果只有一个孩子，孩子一般跟随父亲；如果有两个孩子，男孩一般跟随父亲，女孩一般跟随母亲；如果有三个及以上的孩子，就根据夫妻意愿、孩子意愿及经济实力等因素综合考虑。其二，村委会或族人介入后达成协议。如果夫妻双方没有就子女抚养问题达成协议，他们通常求助于村委会或族中有威望的能人，让他们出面主持公道。村委会或族人从利于子女成长的角度出发，动之以情晓之以理，促成双方达成口头或书面协议。其三，法律诉讼判定。在双方协商或中间人介入均无效的情况下，夫妻只能向法院请求援助。由于法院裁判耗时耗力耗财，且亲邻皆知，村民一般不会选择该途径。

家产分割：在龙井村，夫妻之间的家产分割，男方往往占有绝对优势。由于田林、房屋、池塘等固定资产归于男方名下，女方本身没有所有权。当然，如果婚姻持续时间较长，男方通常不需要女方退还彩礼。但是女方净身出户的现象并不少见，她们仅拿到男方少量的经济补偿。

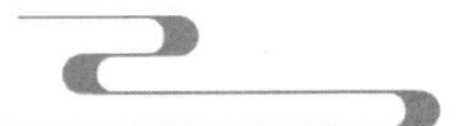

社会接受程度：在20世纪90年代以前，龙井村的离婚率极低。离婚主要源于“贫贱夫妻百事哀”，家庭的贫困不堪迫使妻子离家出走，逃离婚姻。村民认为这是男方缺乏家庭担当能力所致，因此男方在村中难以抬头，内心自卑。步入21世纪后，离婚群体在村中虽然受到一些非议，但是内心较坦然，认为“过好自己的日子最重要”。大部分村民保持缄默和尊重的态度，主要源于现代化进程的推进及城市婚姻观念的影响，当地村民对婚姻的恪守程度有了明显降低，对离婚的态度也由20世纪的“零容忍”到现今的“个人私事”的巨变，对离婚的接受程度正在明显提高。当然，龙井村村民历来以和为贵，劝和不劝离，如果亲邻、族人或村委会介入协调，他们就尽量规劝夫妻双方各退一步，为了让子女有个完整的家庭及维系两人的难得姻缘，鼓励继续将日子过下去。有过错的一方，一定要当众表态改过并付诸行动，并自觉接受另一方及旁人的日常监督。

六、再嫁再娶

随着离婚率的上升，再娶再嫁情况也较普遍。以前，妇女一旦离婚就面临着诸多舆论压力，这也导致了许多妇女不愿意面对再婚的挑战。随着现代社会的发展和价值观的转变，越来越多的妇女愿意接受再嫁。

以前，村民普遍认为再嫁是一件丢人现眼、让家族蒙羞的事情。在现代社会，龙井村妇女普遍得到了社会和家庭的尊重，村民对再婚的包容程度明显提高。村民认为婚姻是当事人的私事，要尊重当事人的意愿和选择。选择再婚时，妇女尤为看重对方的人品、性格及爱好，致力寻求志同道合的人生伴侣。因此，无论是改嫁过来的妇女，还是改嫁外村的妇女回到娘家，同样会得到村民的尊重。

七、婚前性行为、婚外恋、非婚生子女及早婚

婚前性行为：以前，村民对婚前性行为难以接受。在老一辈村民看来，婚前性行为意味着女性对贞洁的不坚守，认为“是一件丢脸的事情”。婚前的男女界限极其分明，谈恋爱讲究低调、隐晦，谈婚论嫁前连牵手的机会都没有，甚至连对山歌都得成群结队而非单独约会。婚前的女性能否保持贞洁成为当地男性择偶重要的甚至必要的条件之一。近年来，年轻人对婚前性行为的接受程度明显增加，他们认为“婚前性行为有利于适应对方，为真正步入婚姻殿堂做好试婚准备”。中老年人对婚前性行为也普遍持宽容的态度，他们认为，“这是年轻人的事，我们不能干预太多”“现在的年轻人都可以接受，我们还能反对什么”。

婚外恋：绝大部分村民对婚外恋始终持零容忍的态度。他们认为，婚外恋与婚前性行为的性质不同，前者违反做人原则与道德底线，后者则属于你情我愿的私事。在

旧社会，婚外恋要被逐出村庄和家族，或者接受村规族规的严厉惩罚，如跪地求饶，游行村头巷尾，甚至被“浸猪笼”。到了现代社会，村中已不再实行惩罚，但是老年人尤其德高望重者，往往受邀出面谴责出轨者，认为婚外恋是一种丢人现眼、有损家族形象的行为，同时是对家庭，尤其对婚姻与子女不负责任的一种表现。

非婚生子女：非婚生子女在村里得到同等对待，爷辈对非婚生孙辈格外关照。

早婚：20 世纪 70 年代以前，村中比较盛行早婚。早婚，是指男女双方或一方未达到法定婚龄，通常十七八岁，甚至十四五岁，在父母允许的前提下，由择日先生择日，在村中办喜酒宴。酒宴过后，男女双方便一起生活，至结婚法定年龄才补办登记。在传统社会，村民普遍认为，办喜酒宴便是正式结拜夫妻，是否登记并不重要。随着法治建设的深入发展，村民逐渐意识到合法登记结婚的必要性与重要性。恋爱双方可以未婚同居或订婚，到了法定年龄必须自觉到民政局登记领证。事实上，学历越高的村民，他们的初婚年龄普遍越大。随着义务教育的普及和高等教育的大众化，村民的初婚年龄集中在 24～28 岁，早婚现象极少。

第二节　家庭

一、家庭类型

龙井村家庭类型主要包括核心家庭、主干家庭和扩大家庭等。核心家庭是指由一对夫妇及其未婚子女组成的家庭。在龙井村，核心家庭的比例约占五成。为避免代际矛盾和兄弟矛盾，村民习惯婚后分家，各自经营小家庭抚育未成年子女。当然也有父母一方或双方跟随分家后的其中一个或两个儿子生活，这样的家庭类型便是主干家庭，即由父母（或父母一方）和一对已婚子女组成的家庭。在 20 世纪 80 年代，村中的主干家庭较多。如今，主干家庭的比例约占两成，主要源于子女进城购房定居，逢周末或节假日子女才返村看望老人。扩大家庭在龙井村约占一成，是指两个或两个已婚兄弟没有分家，依然共同居住，这样的家庭往往建立在经济条件良好的基础上，如拥有家族企业。此外，父辈权威明显、家族观念强、妯娌关系和谐等也成为扩大家庭存在的重要条件。村民普遍认为，扩大家庭往往比较富裕，因为富裕家庭能够支配的财产比较多，家中是父亲做主，统一支配家庭财产。还有一些特殊类型的家庭，在龙井村约占一成，如单身家庭、单亲家庭。

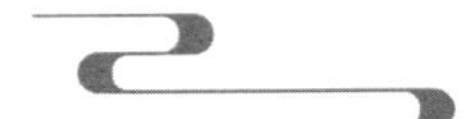

二、家庭规模

按照2021年底统计的人口数据，龙井村平均每户人口数量为3.79人。除绝大部分为本土村民外，也有一些外来人从中里、奇石、龙山等附近乡镇迁徙而来，主要为胡、班、覃、陈等姓氏。主要源于龙井村便利的地理位置，从2016年开始，陆续有外来人到龙井村买地建房，至2022年底，约有120户共480人在村中落脚。外来人的加入对龙井村产生了一定的影响，如强化了村内的治安管理，使村内安全管理系统更完善，村民的安全保障更全面，同时也加重了生活供水、生态环境的负担。值得肯定的是，外来人与本地村民相处和谐。

三、家庭关系

1. 夫妻关系

村民的夫妻关系普遍融洽。族际通婚的现象较常见，各民族亲如一家，青年男女主要通过交往相识或者熟人介绍逐渐走到一起。夫妻关系的和谐与村规民约紧密相关，其中明确要求建立与维护团结和睦的家庭关系，遵守婚姻自由、男女平等相处、一夫一妻制等原则。村民严格遵循村规民约，因此极少发生出轨、家暴等不良行为。与传统的“男主外，女主内”分工略显不同，如今许多夫妻外出打工养家糊口，在家共同分担家务活，有事协商，相互尊重。

2. 亲子关系

“严父慈母”为龙井村家庭教育角色的主流。随着社会的变迁与观点的转变，简单粗暴的教育方式已经少见。传统的家风家教得以传承，如不能忤逆长辈、必须孝敬父母等，村中至今尚未出现抛弃父母、不赡养父母等不孝现象。随着智能手机等电子产品的普及，未成年子女沉迷其中，父母又忙于生计，容易导致亲子关系的疏远。然而，智能手机的普及，也给留守子女或外嫁女与父母随时沟通创造了条件，缩短了双方的时空距离，有利于情感的连接。

3. 隔代关系

村中有尊老爱幼的优良传统，隔代关系融洽。村委会在村内设置了多处“社会主义核心价值观文化墙”“文明宣传栏”，大力开展“百孝之子”“文明家庭”等宣传活动，有利于家风家教建设及提升家庭凝聚力。

大部分孙辈由爷辈照顾长大，因此他们对爷辈极其尊重。每逢隆重节日，孙辈常常回家看望并分发红包，在外漂泊的孙辈则通话问候。近年来，一些年轻父母意识到教育资源的重要性，努力将子女送到城里读书，导致隔代关系的疏远，留守老人数量增加。

4. 兄弟关系

村民遵循长幼有序、尊卑有序的兄弟关系原则，兄弟互帮互助，关系普遍和谐。偶尔出现争夺父母财产、抱怨田地分配不公等矛盾，村干部、村老或村中贤人本着公平公正的原则参与调解，直到双方对调解结果满意为止。

图 5-1 2014 年获评的“五好文明家庭”

5. 婆媳关系

村民遵守礼贤谦让的优良传统，婆媳关系融洽。分家后，婆婆通常与其中一个儿子居住，当儿子、儿媳妇外出工作时，留守的婆婆负责照顾孩子和打理家务。在日常相处中，婆媳双方能换位思考，相互体谅。同时，儿子在婆媳关系中起着十分重要的调节作用。

四、常见问题

1. 家产分割

儿子们相继成家后，原生家庭面临着分家，家产分割难以避免。在龙井村，家产分割的对象主要为农田、山林、房屋、池塘等固定资产，货币资金、票据、存货等流动资产则较少涉及。由家产分割引发的家庭矛盾并不常见，主要有两种：

其一，儿子之间的家产分割不公。当地家产分割主要以儿子平均获取为准，但是固定资产往往难以做到绝对的公平公正，如老大所获田地较肥沃，其他兄弟所获田地较贫瘠，容易引发后者的不满，认为父母偏心。基于此，父母在老大所获田地占据相对优势的前提下，其他兄弟在山林、房屋等其他资产划分方面将得到优先的补偿权。为了避免日后产生纠纷，分家时父母愿意邀请宗族有名望的长者现场主持，白纸黑字对划分结果给予详尽的说明，最后当事人及见证人均按手印以示生效。

其二，家产分割没有将母亲、女儿纳入获利者范围。按照当地传统，男丁才有获得家产分割的资格，与现代法律提倡的男女平等相违背。村中目前尚未出现女性为争取家产的合理分配向司法部门求助的先例。同时，村民默认女儿没有赡养父母的义务，当父母年老需要照料时，赡养义务由参与家产分割的兄弟们协商承担。

2. 老人赡养

在龙井村，分家后父亲往往随长子吃住，母亲随幺子吃住。该习俗已经持续多年，主要基于当时的生活水平低下，父母分开养老既有利于减轻儿子们的赡养压力，又可以分别照看儿子们的后代。如今，村民的生活水平明显提高，该习俗依然传承下来。分家后，与母亲娘家人的维系成本由儿子们共同分担。比如，舅舅的儿子结婚办喜酒，幺子第一时间将喝喜酒的时间、地点等相关事宜通知其他兄弟们，红包费用由兄弟们平分。出嫁后的女儿逢年过节才回家看望父母，较少关心原生家庭的经济开支。父母病重时，也是由儿子儿媳妇轮流照看，女儿们也很少陪守身边。

3. 家庭暴力

20 世纪 90 年代以前，村中存在少量的家庭暴力现象，主要基于家庭经济贫困引发夫妻关系恶化。受害妇女通常采取隐忍的态度，认为“家丑不可外扬”。如今，受害妇女的自我保护意识逐渐提升，她们不再采取隐忍的态度，而是果断地向村委会或警察求助，加上村规民约的宣传与介入，家庭暴力现象几乎为零。

4. 子女养育

20 世纪的经济水平相对落后，家庭教育资源少，村中孩子们除了接受学校教育外，较少有机会得到其他课外知识的熏陶、教育和引导，知识面较狭窄。此外，孩子们过早接触电子产品，容易沉迷网络游戏，由此衍生出一系列不良习惯，如逃课、辍学、抽烟、玩牌、飙车等。爷辈、父辈再三教导无效后，只能向学校和村委会求助。学校班主任积极干预，上门走访，与家长沟通如何解决问题。村委会则通过谈话介入和耐心引导，同时鼓励孩子们课余到村委会阅览室读书学习，修身养性。

第二章　政府组织

第一节　基层党支部

如前面所述，龙井村党委下设上龙屯党支部、护龙屯党支部和双井屯党支部。近年来，村党委以打造“壮美龙井”为目标，坚持党建引领，认真贯彻落实中央、自治区民族工作会议精神，围绕各民族共同团结奋斗、共同繁荣发展的民族工作主题，构建“村党委—屯党支部（党小组）—党员中心户”三级联动治理体系，龙井村各民族团结互助、壮族文化传承发展、村集体经济不断壮大，呈现出“生态美、和谐美、生活美”的“三美”新风貌，群众幸福指数不断提高。

图 5－2　2022 年，陈喜志书记在龙井小学开展铸牢中华民族共同体意识的宣讲

图 5－3　2021 年，龙井村开展建党 100 周年唱红歌活动

一、党代表工作室工作制度

（1）党代表工作室是各级党代表履行代表职责、联系党员群众的工作平台。工作室为党代表履行职责提供便利条件，促进党代表之间的联络与交流。

（2）党代表工作室定期接访，每次接访时间不少于半天。固定时间安排为星期五上午。

（3）党代表工作室实行党代表轮流驻室接待党员群众。

（4）党代表根据工作需要，经常性走访工作室所在辖区的党员群众，收集社情民意。

（5）党代表工作室安排驻室党代表接待党员群众每年不少于四次。

（6）党代表工作室实行回复责任制度。工作室负责收集整理党员群众向党代表提出的意见、建议，经党代表签字同意后分送有关部门（单位）办理，跟踪落实办理情况，并定期向党代表和党员群众反馈。

（7）党代表工作室配备若干名联络员，负责做好工作室的日常工作。

（8）市委党建办负责对党代表工作室进行检查指导，适时组织党员群众对工作室工作情况进行评议。

二、党代表工作室联络员工作制度

（1）负责工作室的日常工作。

（2）协助党代表做好党员群众接待工作，记录接待情况，汇总党代表收集的意见、建议。

（3）协助党代表加强与工作室驻地党组织及相关部门（单位）的沟通联络工作。

（4）负责跟踪意见、建议办理情况，办理结果及时向党代表及党员群众反馈。

（5）做好工作室文件资料归档管理、工作总结、情况上报等工作。

（6）指导党员志愿者协助党代表开展工作室活动。

三、党代表接访党员群众工作流程

（1）登记：填写《党代表联系党员和群众工作记录卡》，记录接待对象的基本情况。

（2）接待：党代表与党员群众面谈，听取党员群众意见建议。

（3）处理：党代表对党员群众反映的问题应当场解答。对解答难度较大或者暂时不能解决的问题，应做好耐心细致的解释工作。对党员和群众提出的重要意见、建议或普遍反映的突出问题，可以通过提出提案、提议、询问、质询等方式，或交由党代表工作室按一定程序转有关单位办理或报市委党建办。

（4）回复：根据相关规定，有关单位和部门要及时做好回复工作。

（5）反馈：联络员向参加接待的党代表、党员群众反馈办理情况。

（6）归档：联络员将办理情况整理归档。

四、“四议两公开”民主决策制度

“四议两公开”即“4+2”工作法，指农村所有村级重大事项都必须在村党委领导下，按照“四议两公开”的程序决策实施。

（1）村党委会提议。对村内重大事项，村党委在广泛听取意见认真调查论证的基础上，集体研究提出初步意见和方案，使提议符合本村发展实际，符合群众意愿。

（2）村“两委”会商议。根据村党委的初步意见，组织“两委”班子成员充分讨论，发表意见。对意见分歧比较大的事项，根据不同情况，可采取口头、举手、无记名投票等方式表决，按照少数服从多数的原则形成商议意见。

（3）党员大会审议。对村“两委”商定的重大事项，提交党员大会讨论审议。召开党员大会审议前，须把方案送交全体党员，在党员中充分酝酿并征求村民意见；党员大会审议时，到会党员人数须占党员总数的2/3以上，审议事项经应到会党员半数以上同意方可提交村民代表会议或村民会议表决；党员大会审议后，村“两委”要认真吸纳党员的意见、建议，对方案修订完善，同时组织党员深入农户做好方案的宣传

解释工作。

（4）村民代表会议或村民会议决议。党员大会通过的事项，依照有关法律法规，在村党委领导下，由村委会主持，召集村民代表会议或村民会议讨论表决。参加会议人数必须符合法律规定，讨论事项必须经全体村民代表或到会村民半数以上同意方可决议通过。

（5）决议公开。经村民代表会议或村民会议决议通过的事项，一律在村级活动场所和各村民小组村务公示栏公告，公告时间原则上不少于7天。

（6）实施结果公开。决议事项在村党委领导下由村委会组织实施，实施结果及时向全体村民公布。

第二节 村民委员会

一、村委会成员分工（2022年）

主任：陈喜志，负责村委会全面工作。

常务：萧承泽，负责村委会日常工作。

文书：戴书明，协助村委会工作。

妇联主席：钟燕桃，负责妇女儿童、村委会工作。

民兵营长：陈进善，负责民兵整组、征兵工作。

团委书记：覃远娇，负责共青团工作。

书记助理：陈达雄，协助党委书记工作。

主任助理：陆娇花，协助村委会主任工作。

二、村务监督委员会成员分工（2022年）

主任：周福光，负责村务监督全面工作。

委员：陈建国、戴任香、梁丽珍、刘美娇，协助做好村务监督工作。

第三节　妇女联合会

妇联主席：钟燕桃（2022 年）。

龙井村妇女联合会简称“龙井村妇联”，是龙井村的基层组织，是党和政府联系农村妇女群众的桥梁和纽带，是农村基层政权的重要社会支柱。龙井村妇女代表大会每五年举行一次，妇女代表大会选举产生妇联主席，以及选举常务委员若干人。

主要职责如下：

（1）贯彻习近平新时代中国特色社会主义思想和中国共产党的路线方针政策，用中国特色社会主义共同理想凝聚妇女。

（2）维护妇女儿童合法权益，倾听妇女意见，积极反映妇女诉求，为受侵害的妇女儿童提供帮助。

（3）教育引导妇女树立自尊、自信、自立、自强的精神，提高综合素质。

（4）积极引导妇女践行社会主义核心价值观，弘扬中华优秀传统文化，开展家庭文明创建，传承中华传统美德，树立良好家风，促进形成家庭文明新风尚。

（5）代表和维护妇女权益，促进男女平等。

图 5－4　2022 年，龙井村妇联学习贯彻党的二十大精神宣讲会

第四节　团支部

团支书：覃远娇（2022年）。

团支部是共青团组织系统中的基层单位，团支书位于团的基层建设的最前沿，在团支部委员会的集体领导下，负责组织团支部的经常性活动和主持支部的日常工作，不断提高支部团员青年的政治思想觉悟，做好团的建设发展。

主要职责如下：

（1）组织团员青年深入学习马克思列宁主义、毛泽东思想、邓小平理论、“三个代表”重要思想和习近平新时代中国特色社会主义思想，坚定共产主义理想和中国特色社会主义信念。

（2）教育团员青年带头贯彻执行党在农村的方针政策。

（3）要及时传达贯彻落实党和上级团委的决议和指示，落实好上级工作部署。

（4）加强团组织自身建设，发展团员、管理好团员、组织团员活动等工作。

（5）深化农村精神文明创建活动，丰富农村青年文化活动，提高团员精神文化素养。

图5－5　龙井村2022年团员大会

第五节　民兵营

民兵营长：陈进善（2022 年）。

民兵营是党对武装的领导，负责管理龙井村民兵营成员的是村支书，民兵营的具体负责人是民兵营长陈进善。民兵营长是通过村民选举产生的，类似于村委会选举。以前是三年一选举，现在改为五年一选举。

选举的方式是村民代表提名（10 个人以上提名），通过街道办审批，再到村民代表确定正式候选人，再送往镇政府审批，由 16 个部门依次审批，政府确定候选人后，村民再投票选举。投票采用流动票箱、中心票箱等方式，投票完成确定人选之后，由政府任命。政府文件下发后，确定村民委员会，由村委成员中的一人来兼任民兵营长。经过村党委讨论，一般选取村委中比较年轻、抗旱救灾能力较强的人来任职，上任后方可领工资。

主要职责如下：

（1）负责民兵整改，统一思想，加强民兵组织建设。

（2）服从组织领导，听从上级指挥，勇敢坚强，坚决完成任务。

（3）做好征兵工作，为国家输送优秀人才。

（4）积极参加军事训练和抗洪救灾、治安执勤等工作，保护村民安全。

第六节　治保会

治保会是在基层人民政府和公安机关领导下从事治安保卫活动的群众性组织，龙井村的治保会以乡人民政府、村民委员会为单位建立。

主要职责如下：

（1）协助相关部门调解民事纠纷。当村内发生土地纠纷、邻里纠纷、山林纠纷、坟山纠纷等，治保会需要对这些矛盾纠纷以沟通协商等方式来调解；将村内纠纷矛盾进行排查，上报给村委。

（2）对村民进行安全知识宣传，增强村民的法治意识，增强村民的安全防范意识。

（3）落实村内防火防盗等防范工作，严格执行治安保卫的各种制度。

（4）积极检举违法犯罪行为，并及时上报公安机关，维护村民安全。

（5）对管辖区域内有违法行为的人进行教育。

（6）认真完成上级交办的工作。

（7）及时掌握本区域治安信息，及时整改问题，协助公安部门做好保卫工作。

图 5－6　2023 年，龙井村召开涉黄社会治安突出问题整治宣传教育会

第三章 村民自治

第一节 龙井村村民议事会

一、议事会成员（2022 年）

会长：梁世文

副会长：陈建国

会员：陈喜志、钟燕桃、戴书明、周福光、陈庆高、陈建新、甘继龄、李美珍、黄世龙、陈继兆、陈新业、张寿强、陈宝光、甘继容、梁世文、黄世新、戴月伦、萧承仕

二、职责和任务

（1）讨论决定由村民会议（村民代表会议）授权的涉及全体村民利益的重大问题。

（2）定期听取和审议村委会的工作报告，监督村委会执行村民会议（村民代表会议）、村民议事会的决议。

（3）听取村委会的工作汇报，提取意见和建议，协助村务监督委员会对村“两委”成员进行民主评议、民主监督。

（4）广泛听取和收集群众意见和建议，及时向村党支部、村委会反映村民的意愿和要求。

（5）协助村民委员会依法管理村集体所有土地、林地、水利设施和其他公共财产，监督村集体财务的收支使用情况。

三、遵循原则

（1）必须符合党和国家的政策、法令和地方性政策规定。

（2）有利于社会发展和社会稳定。

（3）体现村民自治，符合本村实际和大多数群众的利益。

（4）村民议事会成员每年接受一次村民会议（村民代表会议）的民主评议。连续两年被评议为不称职的，其职务自行终止。

（5）本村1/5以上有选举权的村民或1/3以上的村民代表联名，可以提出更换村民议事会成员的要求。

四、议事方法

（1）村民议事会会议由议事会主任负责主持召开，一般每季度召开一次。如有特殊情况，可根据实际情况召开，会议议题由村党组织、村民委员会、村民议事会成员或1/5以上的村民联名提出，由村党组织书记把关。

（2）召开会议必须有2/3的议事会成员赞成，才能生效。对争议较大的议题，应提交村民会议（村民代表会议期间）表决。议事会召集的所有会议允许村民列席旁听，但旁听人没有发言权和表决权。

（3）村民议事会会议由议事会主任主持，主持人宣布会议制度，分配发言，提请表决，维持秩序，执行程序，主持人在主持期间不得发表意见，不得总结议事会成员的发言。

（4）会议讨论内容应当有一个或几个明确的议题，议题必须具体、明确、可操作。

（5）发言人要遵守会场纪律，对会议议题应表明赞成或反对，说明理由，讨论问题不能跑题。

（6）主持人应尽可能让不同意见的发言人轮流发言，以便充分听取意见和建议。

（7）主持人提议举手表决时，主持人应最后表决。

第二节　龙井村村规民约起草小组

一、小组成员（2022年）

组长：萧承泽

副组长：戴书明

成员：周福光、陈庆高、钟燕桃、甘继龄、李美珍、甘继荣、梁海林、梁世文、陈进成、黄世新、陈建国、陈建新、黄世龙、陈继兆、陈良峰、陈新业、张寿强、戴任香、戴月伦、萧承仕、文燕琴

二、工作职责

主要职责如下：

（1）村规民约起草工作。村规民约起草工作是由村委会或村民代表会议组织，代表全体村民参与讨论，形成初稿后进行公示、征求意见，最终制定好村规民约。

（2）村规民约宣传工作。村规民约宣传工作由村委会或村代表会议组织，采取多种宣传方式，让全体村民了解并认同村规民约。

（3）村规民约执行工作。村规民约执行工作需要由村委会或村委会授权的村民工作小组组织，对违反村规民约的行为进行处理，同时要对执行情况做好记录和公示。

（4）村规民约监督工作。村规民约监督工作需要由村民代表会议、村民监督委员会等组织进行，及时发现和处理不当行为和违规行为。

（5）村规民约修订工作。村规民约修订工作要由村委会或村民代表会议组织，根据村庄发展和村民需求变化，及时修订村规民约。

第三节　红白理事会

一、理事会成员（2022 年）

会长：戴书明

副会长：甘继龄

会员：陈振宁、陈建盛、黄达明、陈庆高、梁标国

二、工作职责

（1）积极向群众宣传党的方针、政策，引导群众移风易俗，认真贯彻各级政府在婚丧嫁娶中的政策、法令和规定。

（2）主动热情地为婚丧事做好服务，不在婚丧事主家大吃大喝，不收受婚丧事主赠送的钱物。

（3）对婚丧事主一视同仁，不搞优亲厚友。

（4）红白理事会定期召开会议，研究工作，总结经验。

图 5－7　龙井村开展 2023 年移风易俗工作会议

三、操办原则

（一）操办婚事具体原则

（1）举行婚礼事主到红白理事会申请，待理事会批准后，方可举行婚礼。理事会安排主管人员到婚主家中协助筹备工作，其婚礼规模、范围、婚宴桌数，具体由理事会审办。

（2）理事会要按照法律规定办事，遵循婚姻自由、男女平等的原则，严禁买卖婚姻、近亲结婚。

（3）婚事坚持新事新办，废除陈规陋习，不准讲排场、摆阔气，不准相互攀比，不能举债办婚事，对亲朋好友予以适当招待，不准借机敛财。

（二）操办丧事具体原则

（1）操办丧事坚持从俭原则，规模以寄托哀思、葬好亡者为准，宜俭不宜奢。

（2）人去世后，事主须在当日内向理事会报告情况并予审办，丧事规模、范围以适当为限。

（3）理事会及时安抚遗属，与事主共同商定遗体安葬时间。

（4）简化改良殡葬习俗，禁止大操大办，严禁耍歌舞、唱大戏，严禁乱埋乱葬。

（三）工作制度

（1）加强红白理事会建设。由乡镇（街道）牵头，坚持政府推动与村民自治相结合，发挥群众组织在推动移风易俗方面的积极作用，统筹协调，分工负责，推进红白事建设，制定规范的红白事宜办理流程，理事会定期（每个月或者每个季度）召开一次会议，研究工作，总结经验，提高服务质量。

（2）制定婚丧喜庆公约。按照符合法规、因地制宜、群众参与、便于操作的原则，在传承优秀传统文化、尊重社情民意的基础上，把“节俭办婚丧”纳入村规民约内容。

（3）倡导树立婚嫁新风。红白理事会要督促当事人依法办理婚姻登记，遵守村规民约确定的喜事标准，弘扬重登记、强责任、守节俭的婚俗新风。推动不比彩礼、不比排场、不跟风比阔，缩小宴请范围，减少宴请天数，不搞隆重仪式，不设豪华宴席，控制婚宴规模，不用豪华车队，减少餐桌和车辆浪费，倡导公益婚礼、集体婚礼、旅游结婚、植纪念树等新的婚礼形式，让红事充分体现传统文化、家风传承和感恩教育，树立文明节俭、个性现代的婚俗新风。

（4）倡导丧事简办。贯彻落实中办国办《关于党员干部带头推动殡葬改革的意见》精神，党员干部带头破除丧葬陋俗，树立文明节俭办丧示范，倡导“生态殡葬、文明祭扫”新风尚。红白事要督促丧户简化办丧仪式、缩短办丧时间和规模，取消不必要的丧葬陋俗，通过村规民约来倡导厚养薄葬、丧事简办、生态安葬、文明祭扫，抵制封建迷信陋俗，建立文明祭祀新秩序。

第四节　龙井村禁毒禁赌会

一、成员（2022 年）

会长：周福光

副会长：陈达雄

成员：陈良峰、戴月伦、梁丽珍、黄世龙、韦惠荫

二、工作职责

（1）加强宣传教育，积极向村民宣传国家的法律法规，提高群众对毒品及赌博危害性、严重性的认识，提升全民禁毒禁赌意识。

（2）全面掌握摸清吸毒人员、赌博人员人数，对吸毒、赌博人员进行帮教，定期

召开分析会，检查帮教工作，及时掌握被帮教人员动态。

（3）组织发动群众同毒品、赌博犯罪行为作斗争，积极向公安机关检举揭发参与赌博、吸毒的人和事。

（4）组织、配合当地派出所做好吸毒人员定期尿检工作，督促吸毒人员按时参加尿检。

（5）积极开展丰富多彩、健康有益的文体活动，让村民远离毒品、赌博，遏制毒品蔓延势头和赌博行为。

三、工作方法

（1）不定期走访，及时发现赌博窝点及具有吸毒倾向人员或已开始吸毒的“瘾君子”并记录在案。

（2）进行思想教育，极力说服，对知错悔改的强化监督，促其彻底改正；对于屡教不改的，交由当地公安机关处理。

（3）禁毒禁赌会每季度召开一次会议，总结本季度工作，及时将工作进展情况上报街道分管领导。

第五节　龙井村移风易俗劝导队

一、队员（2022 年）

队长：萧承泽

副队长：陈进善

队员：戴书明、岑永欢、覃远娇、钟燕桃、周福光、陈庆高

二、工作职责

（1）加强宣传教育，及时掌握全村村民相关信息，宣传各级关于移风易俗的政策规定，加强移风易俗公益宣传，引导群众移风易俗。

（2）对大操大办、炫富摆阔的现象，对伤风败俗、挑战道德底线的行为，旗帜鲜明地反对批判并予以制止，引导农民群众在生活实践中弘扬乡村文明新风尚。

（3）以红白理事会、道德评议会、村民议事会、禁毒禁赌会等群众性自治组织为依托，发动农民群众对陈规陋习进行评议，用民间舆论、群众评价的力量褒扬社会新

风、批评不良现象。

（4）对不听劝阻，违反移风易俗的人和事，及时上报村“两委”，共同做好相关工作。

（5）每季度或有重大事项及时召开会议，分析研判形势，探讨解决策略。

图 5－8　龙井村开展 2023 年爱绿文明新风活动

第四章　文化教育

第一节　学校教育

龙井村崇尚文化教育。龙井小学一直秉持传承文明、弘扬优秀文化的教育理念，以港北区教育局推进“一学区一特色一校一品牌”建设为契机，认真落实《中共中央国务院关于深化教育教学改革全面提高义务教育质量的意见》及《教育部关于中小学开展书法教育的意见》文件精神，“增强美育熏陶”“实施学校美育提升行动”等，通过一系列举措打造书法艺术特色学校品牌，努力提升学校办学品位，取得较突出的成效。2018 年起，龙井小学开始开展传承民族书法艺术、提高学生书写质量的教研探究。当学校提出加强书法艺术教育时，教师们一致认为势在必行。学校教导处将学生每天的书法练习时间常规化，安排到每天的作息时间表中，保证学生每天的书法练习时间不少于 20 分钟；将每周一节书法课安排到课程表中，学生在书法练习时间和师资方面有了保障。学校还用公费统一购买学生书法练习用的临摹纸、临摹教材发给学生，做到了书写用纸和教材的统一，学生的书法练习也有了教材保障。

在习字育人理念的熏陶下，学生养成了良好的书写习惯，全校学生握笔姿势和坐姿正确率达 90%，保障了学生身心健康成长；80% 以上的学生能写出一手端正规范、结构均匀、整洁美观的汉字。同时，学生学会了对汉字进行从整体到局部、由结构到笔画的细致观察，养成了细心观察和静心做事的习惯，有效地培养了健康向上的审美情趣和坚持不懈的意志，端正了学习态度，也促进了学校教学质量的提高。学校一项关于龙井小学毕业学生的跟踪调查显示，学生经过几年习字熏陶，能继续自主习字，成为一种自觉的习惯。良好的习惯和自信心，帮助学生进入更高一级学校后很快适应学习生活，在书法比赛和朗读等活动中的成绩尤为突出，那些在小学书写特别优异的学生之后的学习成绩也非常优秀。

教师转变观念提质量。在习字育人理念的熏陶下，师生充分认识到了写字教学与学生终身学习的密切联系，教师转变教学观念，不但提高了育人技巧，也提高了课堂教学效率和教学质量，学校形成了师生同练、写好汉字的浓郁氛围，形成了良好的育人风气。语文科覃彩庆、张穆英、宁少敏、姚松英、丘荣娇，数学科杨财、覃丽妹、朱锦飞，英语科陈建丽等教师在 2020—2024 年多次获得港北区教育教学质量奖。2021 年上学期，学校教导处组织班级作业评比活动和师生书法比赛活动，推进书法特色教学，取得了显著成效。同时，举行了主题为“弘扬传统文化　书写百年党史”的书写质量总结及表彰大会，及时将学校的书写质量与书法教学取得的成效进行总结，表彰成效显著的班级及师生，促进学生书写质量的提升，提高书法教学质量。

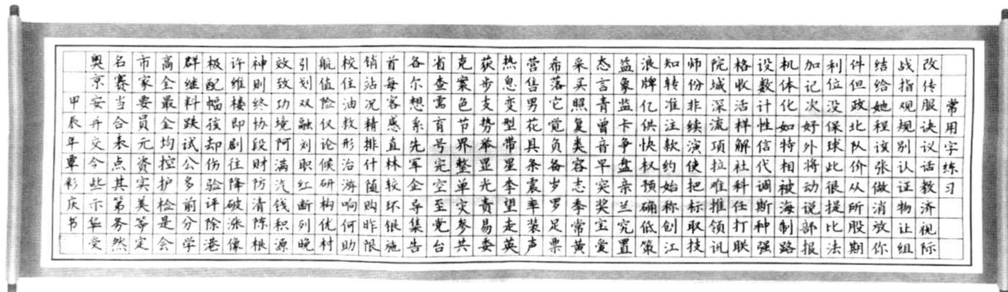

教师覃彩庆作品

教师张穆英作品

学生黄荟欢（11 岁）作品

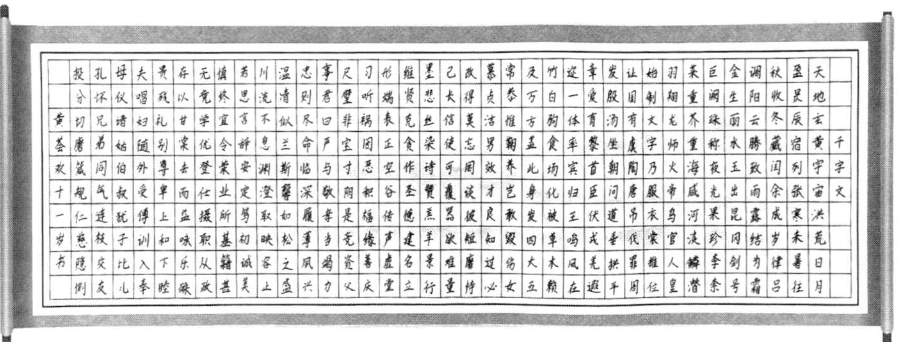

学生陈殿缘（11 岁）作品

学生吕天佑（12 岁）作品

图 5-9　龙井小学部分师生硬笔书法作品

图 5-10　龙井小学部分教师毛笔书法作品

家长、社会对学校工作的认可度很高。学校“双减”经验做法得到推广，港北宣传、贵港教育等媒体分别报道了学校写字教育的活动及经验做法，同时得到家长、社会的认可，家长对学校的工作支持度很高，例如，学校的课后服务参与率曾高达97%；每学期的家长会，家长参与率高。

教学质量结硕果。近5年来，学校多次获得集体荣誉，2021年港北区师德师风建设和师德标兵评比获“先进集体奖”；在建设自治区基础教育教学改革示范区2021年度工作中，获“优秀学校”光荣称号；2022年4月被评为港北区中小学写字教育“特色学校”；2022年度被评为港北区义务教育学校课后服务特色学校；在港北区“阅读与书写工程”第一个五年实施计划成果展示活动中荣获一等奖；入选第三批非物质文化遗产传承教育示范学校立项建设单位；2023年被评为第十一批“贵港市文明校园”；2023年获港北区人民政府颁发“先进集体”称号；被评为港北区2022—2023年度“双减三提”先进集体；荣获港北区教育局、工委授予的“优秀少先队先进学校”称号；被评为2022—2023年度港北区教育系统创建“荷城红烛　育人先锋”活动先进基层党组织。

除了常态课程外，学校成立了书法兴趣班，由专业的书法老师指导，再从书法兴趣班选拔书法特长学生。学校定期聘请书法名家走进校园，对脱颖而出、对书法有浓厚兴趣、有书写天赋的学生进行一对一指导。截至2023年，已有中国书法家协会会员、广西硬笔书法家协会理事、贵港市青年书法家协会常务理事黄康依，贵港市青年书法家协会主席杨招弟，贵港市青年书法家协会会长陈定冲等多名书法家陆续走进龙井小学，对学生进行现场书法指导，开展“挥毫书春联，携手贺新年”“书法进课堂”“翰墨书香润校园——教师基本功培训会”等系列活动。

习字育人特色经验做法得到推广。一方面，是港北区内的辐射引领。龙井小学提高学生书写质量的一系列经验做法，得到港城学区、港北区教育局领导的认可。2023年春季学期，港城学区在学校举行了书写成果现场推进会，引领了港城一批学校加入写字教育特色创建的队伍中，学校团队多次到港城平富小学、葛民小学、六八小学进行经验分享讲座。与此同时，龙井小学的集体案例《落实每日常规　聚焦课堂有效指导——提高学生书写质量校本教研案例》获港北区校本研究案例一等奖。另一方面，是区外的辐射推广。覃彩庆、姚松英等教师还受邀到桂平市下湾镇中心小学、覃塘区山北乡中心小学进行题为“扎实推进书写质量　突出写字教育特色”的讲座。学校写字教育特色做法收录在语言文字报的《新时代校长治校之道》这本书中，学校的特色经验分别得到贵港教育、贵港宣传等媒体报道。

此外，龙井小学经常利用传统节日组织学生参加各种活动，如包粽子、刺绣等，提高学生的动手能力，增进学生对传统文化的认识，提高文化认同感。

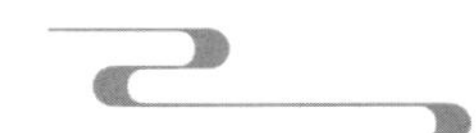

图 5－11　龙井村 2023 年“我们的节日——端午节”民族工艺制作活动现场

第二节　家庭教育

龙井村的家风家教普遍严格。村民深知家庭教育的重要性，注重从小培养孩子的优秀品质，让他们养成良好的行为习惯。家庭教育主要包括伦理道德、社交礼仪以及生产技能教育等。

一、伦理道德

（1）勤奋好学。“学而优则仕”的传统观念在村民心中根深蒂固，长辈对后辈坚持不倦地教诲，如“知识改变命运”“黑发不知勤学早，白首方悔读书迟”等。他们坚信努力学习，考上优秀的学府，就有机会走出贫困，走向成功。

（2）勤俭节约。长辈的生活环境艰苦，终日辛劳耕耘，勉强维持生计，“粒粒皆辛苦”，后辈要学会勤俭持家，珍惜当下。

（3）孝敬父母。孝敬是龙井村的传统美德。长辈时常教育后代，要对老人给予经济上的支持，如定期提供生活费用，购买日常生活用品、支付老人的医疗费用等，还要对老人给予情感上的关怀，如关心老人的生活起居，关注老人的身心健康，多花时间陪伴老人等。

图 5－12　龙井村委 2023 年重阳节慰问老人

图 5－13　港北区人民政府 2024 年春节慰问党员

（4）团结和睦。村民铭记历史，牢记团结。多民族和谐相处，患难与共，共同发展，在党中央及地方政府的带领下，村干部与村民更深刻地领悟到了民族团结的力量。

（5）谦让宽容。村民善良淳朴，崇尚儒家文化。长辈经常教育后辈要谦让宽容，“宰相肚里能撑船”“和气生财”，避免“当让不让，十九上当”。

二、社交礼仪

家庭内部注重尊老爱幼、家庭和谐。餐桌礼仪极其讲究，用餐时，必须等老人和客人上座后，晚辈方可入座；最年长者动筷后方可开席；坐姿端正，不跷脚；用手端碗，夹菜入碗，不趴桌吃；夹菜必须夹自己面前的部分，不能夹别人面前的部分；每次夹菜必须分量小，不能“复筷”，即不能连续夹菜，吃完再夹，不能挑三拣四；用餐完毕后，后辈必须跟客人和长辈打招呼：“我吃饱了，各位请慢用”，等等。

见面礼仪也是龙井村家庭教育中社交礼仪的重要部分。一般同龄同辈的以小名或名字互相称呼，同姓的长辈尊称“叔叔”“婶婶”“伯伯”“爷爷”“奶奶”等，如果有排辈，就在尊称前加上排序，如“三叔”“三婶”“三爷”“三奶（三婆）”等，如果不同姓的长辈一般在尊称前加上“表”字，如“表叔”“表婶”“表公（爷爷辈）”“表婆（奶奶辈）”等，三个不同屯之间也经常用“阿表”作称呼，以示团结友爱。打招呼时，一般称呼之后，接着要询问对方“吃饭了么”“去田里啊”“去淋菜啊”“上街啊”等，根据当下的情景问候，或者开玩笑等。村民们见面打招呼后，如果没有什么急事要赶路，关系较好的还会停留在路旁闲聊。如果后辈在村里或者外出回村（包括外嫁女回村）路上碰见村民，尤其碰见长辈不主动问候打招呼，会被村民尤其是长辈议论，将不受欢迎。据老人言，以往外人骑马路过上龙屯，没有下马祭拜村中社公，马儿总是前进不了，“骑马马儿前脚高扬，踏步不前，嘶鸣前进难以为继”。意思是“要下马拜社公，以示尊重，社公方让行”。这也是警示后人见人要问候以示互相尊重、懂礼节，不要“金口千斤重”，即金口难开。

邻里注重团结合作。遇村内重要事宜，如举办“三月三”唱山歌、百家宴、篮球赛、年会、唱师剧、办晚会等集体活动，村民积极参与，出谋划策，共同商议，有钱出钱、有力出力，力推每项活动顺利开展。

三、生产技能教育

村民热爱土地，辛勤耕耘，对后辈的生产技能教育也比较重视。如施肥是农业生产中非常重要的一环，直接关系到农作物的生长和产量。长辈以身作则，鼓励后辈参与施肥，教会他们如何合理选用肥料、掌握施肥时机、注意施肥方法、避免过量施肥等。

在灌溉和耕作方面，长辈循循善诱，教会后辈如何选择合适的灌溉方式、掌握灌溉时机、注意灌溉量和频率、避免过度灌溉等。耕作过程学会如何翻土、锄草、松土等操作。日常各种种植、收割等技能也让后辈在参与劳动过程中学习，如插秧、抛秧、割稻谷、种菜、浇菜、种豆、种玉米等。

图 5－14　龙井村春耕进行时

此外，后辈认真学习科学防治病虫害、轮作、除草、翻耕、选择优质种子、改善土壤质量等知识。在就业、就学的返乡期间，积极参与家庭农活。其他劳动教育也很受重视。早晨起床后，后辈要积极打扫卫生、洗衣服、浇菜、择菜、做饭菜、到田里找猪菜，放牛、上山砍柴或割其他茅草再挑回家当柴火。上山砍柴火要懂得装簸箕或扎茅草捆来装扁担等，如一大堆的蕨草或松叶整理好、压实装到两个簸箕或者捆扎成两捆扁实的茅捆，然后挑回家里当柴火使用。随着现代化生活发展，很多活儿已经不是家常事务，如煤气炉和电器的推广使用，柴火使用较少，上山砍柴的人也不多。如今，孩子们不用上山砍柴，到江边洗衣的习惯也已经由洗衣机代替等。

第三节　社会教育

一、科技兴农培训

村委会注重生产技能培训，经常邀请技术人员进村开展相关培训。如“龙井村科技兴农——农民实用技术培训”，指导村民如何利用科技培育优质农作物，发展科技兴农；“龙井村科技兴农——科普宣传志愿活动培训”，培养志愿者帮助村民种植农作物，为村民提供理论和技术帮助。

二、社会舆论教育

龙井村有严明的村规民约。“凡违反村规民约，当年不再享受国家下达我村的各种优惠政策。违反村规民约的限期3个月改正，须由党小组提出讨论意见，提交互助会和理事会决定，改正了还要在村民小组会上检讨，“一组两会”和村党委书记、村委会主任签字。审议不通过的再延长三个月，直至村民代表大会审议通过。情节严重、违反法律的，按照法律法规交由司法机关处理。”具体要求如下：

（一）社会治安

（1）每个村民都要学法、知法、守法，自觉维护法律尊严，积极同一切违法犯罪行为作斗争。

（2）村民之间应团结友爱、和睦相处，不打架斗殴，不酗酒滋事，严禁侮辱、诽谤他人，严禁造谣惑众、拨弄是非。

（3）自觉维护社会秩序和公共安全，不扰乱公共秩序，不阻碍公务人员执行公务。

（4）严禁偷盗、敲诈、哄抢国家、集体、个人财产，严禁赌博、严禁为罪犯藏匿赃物。

（5）严禁非法生产、运输、储存和买卖爆炸物品；经销烟火、爆竹等易燃易爆物品须经公安机关等有关部门批准。不得私藏枪支弹药，拾得枪支弹药、爆炸物品，要及时上缴公安机关。

（6）爱护公共财产，不得损坏水利、道路交通、供电、通信、生产等公共设施。

（7）严禁非法限制他人人身自由或非法侵入他人住宅，不准隐匿、毁弃、私拆他人邮件。

（8）严禁私自砍伐国家、集体或他人的林木，严禁损害他人庄稼、瓜果及其他农作物，加强牲畜看管，严禁放养猪、牛、羊。对违反上述社会治安条款者，触犯法律法规的，报送司法机关处理。尚未触犯刑律和治安管理处罚条例的，由村委会批评教育，责令改正。

（9）建立和加强村联防队的组织和管理，每月定期或不定期巡防。

（二）村风民俗

（1）提倡社会主义精神文明，移风易俗，反对封建迷信及其他不文明行为，树立良好的民风、村风。

（2）红白喜事做到喜事新办，丧事从简，破除陈规旧俗，反对铺张浪费、反对大操大办。建立健全红白理事会，建立办酒申报制度，结婚提前一周申报、来人过村当

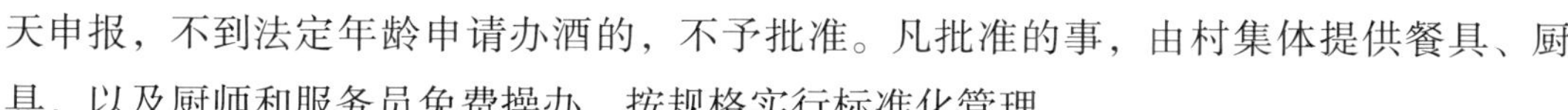

天申报，不到法定年龄申请办酒的，不予批准。凡批准的事，由村集体提供餐具、厨具，以及厨师和服务员免费操办，按规格实行标准化管理。

（3）不请神弄鬼或装神弄鬼，不搞封建迷信活动，不听、看、传播淫秽书刊、音像，不参加邪教组织。

（4）建立正常的人际关系，不搞宗派活动，反对宗派主义。

（三）邻里关系

（1）村民之间要互尊、互爱、互助，和睦相处，建立良好的邻里关系。

（2）在生产、生活、社会交往过程中，应遵循平等、自愿、互惠互利的原则，发扬社会主义新风尚。

（3）邻里纠纷，应本着团结友爱的原则平等协商解决，协商不成的可申请村调解委员会调解，也可依法向人民法院起诉，树立依法维权意识，不得以牙还牙，以暴制暴。

（四）家庭婚姻

（1）遵循婚姻自由、男女平等、一夫一妻、尊老爱幼的原则，建立团结和睦的家庭关系。

（2）婚姻大事由本人做主，反对包办干涉，不借婚姻索取财物。

（3）自觉做到优生优育。

（五）环境卫生

（1）村民各家各户、门前院内要保持清洁，不堆柴草，农具摆放有序。

（2）清除暴露垃圾，清理卫生死角，清除废弃堆积物，禽畜圈养。

（3）禁止在公共场所乱吐乱扔，乱倒垃圾、污水和渣土；不准挤街占道，私搭乱建。

（4）为保障环境卫生整治工作长期有效开展，村社、街道门面自筹资金，每人每月收取2元，每个门面每月收取10元作生活垃圾处理费，用于支付卫生保洁员月工资。全体村民要相互监督，严格执行。如有违反上述规定者，情况较轻的，给予批评教育；屡教不改的，每次予以10~100元罚款。

（5）建房应服从村庄建设规划，不得损害四邻利益。违反规定者给予批评教育，情节严重的交由上级有关部门处理。

（六）消防安全

（1）加强野外用火管理，严防山火发生。

（2）家庭用火做到人离火灭，严禁将易燃易爆物品堆放在户内、寨内，定期检查、

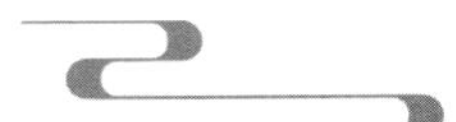

排除各种火灾隐患。

（3）对村内、户内电线要定期检查，损坏的要请电工及时修理、更新，严禁乱拉乱接电线。

（4）加强村内尤其是少年儿童安全用火用电知识宣传教育，提高全体村民消防安全知识水平和意识。

图 5－15　龙井村开展“少年儿童心向党　关爱守护伴成长”2023 暑期儿童关爱服务活动——防溺水宣传

（七）民族团结

（1）维护民族团结，铸牢中华民族共同体意识是每个村民共同的责任。

（2）以铸牢中华民族共同体意识为主线加强和改进民族工作，积极创造更加完善的各民族交往交流交融的社会条件，推进本村共有精神家园建设，全力守好民族团结生命线。

（3）各民族团结和谐互助，则国家兴旺、社会安定、繁荣发展、人民幸福。

第五章　人物

第一节　党、政、军界人员名单

表 5－1　龙井村党、政、军界人员

所在地	姓名	性别	出生年份	（曾）任职单位、职务
上龙屯	梁世辉	男	1961 年	桂林市工商联副调研员
上龙屯	萧承良	男	1951 年	西江农场党政办主任
上龙屯	萧恒	男	1983 年	覃塘区乡村振兴局副局长
上龙屯	萧承泽	男	1963 年	港城街道龙井村村民委员会委员、村委主任
上龙屯	覃远娇	女	1982 年	港城街道龙井村村民委员会委员、团委书记、妇联主席
上龙屯	周福光	男	1961 年	中共港城街道龙井村委员会委员、纪委书记
上龙屯	梁标国	男	1971 年	中共港城街道龙井村委员会委员、党委委员
上龙屯	甘继龄	男	1957 年	中共港城街道龙井村委员会委员、书记
上龙屯	李美珍	女	1957 年	港城街道龙井村村民委员会委员、妇女主席
上龙屯	黄秀芬	女	1941 年	港城街道龙井村村民委员会委员、妇女主任
上龙屯	梁文辉	男	1944 年	港城街道龙井村村民委员会委员、村委副主任
上龙屯	梁建宝	男	1954 年	港城街道龙井村村民委员会委员、民兵营长
上龙屯	黄秀梅	女	1956 年	港城街道龙井村村民委员会委员、妇女主任
上龙屯	萧友全	男	1938 年	港城街道龙井村村民委员会委员、会计
上龙屯	黄惠宝	女	1952 年	港城街道龙井村村民委员会委员、妇女主席
上龙屯	萧承才	男	1942 年	中共港城街道龙井村委员会委员、书记
上龙屯	萧连高	男	1928 年	港城街道龙井村村民委员会委员、农业会计
上龙屯	萧树秀	男	1950 年	港城街道龙井村村民委员会委员、村委主任
上龙屯	周新有	男	1975 年	军队转干部
上龙屯	萧兆海	男	1944 年	退役军人
上龙屯	梁建宝	男	1954 年	退役军人
上龙屯	萧飞海	男	1986 年	退役军人

（续上表）

所在地	姓名	性别	出生年份	（曾）任职单位、职务
上龙屯	周昆杰	男	1999 年	退役军人
上龙屯	萧德勇	男	1980 年	退役军人
上龙屯	戴贵仁	男	1963 年	退役军人
上龙屯	萧兆权	男	1959 年	退役军人
上龙屯	周新孟	男	1981 年	退役军人
上龙屯	萧结	女	1991 年	退役军人
上龙屯	梁冠政	男	1987 年	退役军人
上龙屯	萧承鑫	男	1957 年	退役军人
上龙屯	萧琨	男	1992 年	退役军人
上龙屯	梁瑞福	男	1988 年	退役军人
上龙屯	萧德良	男	1962 年	退役军人
上龙屯	甘海辉	男	2002 年	现役军人
双井屯	戴书成	男	1941 年	贵港市林业局工程师、贵港市平天山林场场长
双井屯	戴更新	男	1943 年	柳城县四塘监狱农场场长
双井屯	戴秋香	男	1962 年	贵港市港南区交通局工程师
双井屯	戴书明	男	1964 年	港城街道龙井村村民委员会委员、副主任
双井屯	戴仕标	男	1951 年	港城街道龙井村村民委员会委员、治保主任
双井屯	戴书恒	男	1938 年	港城街道龙井村村民委员会委员、文书
双井屯	戴兰香	男	1952 年	港城街道龙井村村民委员会委员、文书
双井屯	戴桂珍	女	1954 年	港城街道龙井村村民委员会委员、妇女主任
双井屯	戴仕标	男	1951 年	退役军人
双井屯	戴云生	男	1952 年	退役军人
双井屯	戴建香	男	1955 年	退役军人
双井屯	戴书恒	男	1938 年	退役军人
双井屯	戴伟强	男	1986 年	退役军人
双井屯	戴国伟	男	1995 年	退役军人
双井屯	戴庆华	男	1976 年	退役军人
双井屯	戴家健	男	1997 年	现役军人
双井屯	戴国煜	男	2003 年	现役军人
护龙屯	张瑞明	男	1952 年	贵港市港南区政协主席
护龙屯	陈树珍	女	1952 年	广西壮族自治区卫生厅妇幼处处长
护龙屯	陈振伟	男	1958 年	港城街道计生站副站长

（续上表）

所在地	姓名	性别	出生年份	（曾）任职单位、职务
护龙屯	陈鸿红	男	1987 年	三江县刑侦队大队长
护龙屯	陈恩涛	男	1974 年	港北区食品药品监督局局长
护龙屯	张瑞健	男	1981 年	贵港市亚计山派出所所长
护龙屯	张进荣	男	1977 年	贵港市公安局刑侦指导员
护龙屯	陈鸿平	男	1988 年	港南区东津派出所副所长
护龙屯	陈成忠	男	1936 年	南宁市机械机器厂技术工程师
护龙屯	陈恩丞	男	1995 年	贵港市公安局辅警
护龙屯	陈喜志	男	1959 年	中共港城街道龙井村委员会委员、书记、村委会主任
护龙屯	陈进善	男	1968 年	港城街道龙井村委员会委员、党委副书记
护龙屯	钟燕桃	女	1978 年	港城街道龙井村村民委员会委员、妇联主席
护龙屯	陈达雄	男	1982 年	中共港城街道龙井村委员会委员、书记助理
护龙屯	黄俏俏	女	2000 年	港城街道龙井村村民委员会委员、网格员
护龙屯	岑永欢	男	1970 年	港城街道龙井村村民委员会委员
护龙屯	黄世东	男	1961 年	港城街道龙井村村民委员会委员、民兵营长
护龙屯	覃爱贞	女	1934 年	港城街道龙井村村民委员会委员、妇女主席
护龙屯	陈迎宝	男	1950 年	港城街道龙井村村民委员会委员、村委主任
护龙屯	陈恩荣	男	1945 年	港城街道龙井村村民委员会委员
护龙屯	韦秋月	女	1921 年	港城街道龙井村村民委员会委员、妇女主任
护龙屯	陈继勇	男	1935 年	港城街道龙井村村民委员会委员、村委主任
护龙屯	陈庆光	男	1939 年	港城街道龙井村村民委员会委员、农业总技术员
护龙屯	陈昶义	男	1969 年	港城街道龙井村村民委员会委员、团支书
护龙屯	陈莜渝	女	1977 年	港城街道龙井村村民委员会委员、团支书
护龙屯	张永海	男	1974 年	港城街道龙井村村民委员会委员、团支书
护龙屯	张瑞进	男	1981 年	港城街道龙井村村民委员会委员、团支书
护龙屯	苏克英	女	1958 年	港城街道龙井村村民委员会委员、计生专干
护龙屯	陈庆高	男	1958 年	港城街道龙井村村民委员会委员、村委主任
护龙屯	陈启昌	男	1942 年	中共港城街道龙井村委员会委员、书记
护龙屯	刘水妹	女	1954 年	港城街道龙井村村民委员会委员、妇女主任
护龙屯	陈庆良	男	1966 年	港城街道龙井村村民委员会委员、文书
护龙屯	陈继兴	男	1958 年	港城街道龙井村村民委员会委员、主任
护龙屯	张峻铭	男	1957 年	中国共产党港城街道龙井村委员会委员、副书记
护龙屯	张永富	男	1969 年	港城街道龙井村村民委员会委员、文书

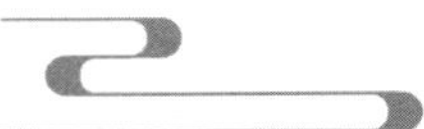

（续上表）

所在地	姓名	性别	出生年份	（曾）任职单位、职务
护龙屯	黄福宝	男	1960 年	港城街道龙井村村民委员会委员、文书
护龙屯	黄秋兰	女	1979 年	港城街道龙井村村民委员会委员、团委书记
护龙屯	陈凤	女	1987 年	港城街道龙井村村民委员会委员、团委书记
护龙屯	陈恩健	男	1957 年	退役军人
护龙屯	张永富	男	1969 年	退役军人
护龙屯	黄金容	男	1949 年	退役军人
护龙屯	黄金伦	男	1951 年	退役军人
护龙屯	陈振福	男	1980 年	退役军人
护龙屯	张永海	男	1974 年	退役军人
护龙屯	黄康鹏	男	1990 年	退役军人
护龙屯	凌明	男	1988 年	退役军人
护龙屯	陈汉雄	男	1955 年	退役军人
护龙屯	黄勇彬	男	1983 年	退役军人
护龙屯	陈朝辉	男	1971 年	退役军人
护龙屯	黄仙宝	男	1951 年	退役军人
护龙屯	陈振贵	男	1977 年	退役军人
护龙屯	黄家宝	男	1966 年	退役军人
护龙屯	凌广森	男	1968 年	退役军人
护龙屯	黄达辉	男	1958 年	退役军人
护龙屯	陈迎杰	男	1971 年	退役军人
护龙屯	岑永旭	男	1987 年	退役军人
护龙屯	陈喜然	男	1985 年	退役军人
护龙屯	陈少慧	男	1935 年	退役军人
护龙屯	张瑞进	男	1981 年	退役军人
护龙屯	黄安善	男	1985 年	退役军人
护龙屯	陈少海	男	1961 年	退役军人
护龙屯	岑永泽	男	1997 年	退役军人
护龙屯	陈军子	男	2000 年	退役军人
护龙屯	陈俊良	男	1999 年	现役军人，获三等功
护龙屯	陈昊	男	2004 年	现役军人

第二节　经济界人员名单

表 5 – 2　龙井村经济界人员

所在地	姓名	性别	出生年份	（曾）任职单位、职务
上龙屯	萧承贵	男	1969 年	广西南宁海尚鲜酒店董事长
上龙屯	萧承鑫	男	1957 年	房产业（具体不详）
上龙屯	梁孔明	男	1959 年	房产业（具体不详）
上龙屯	萧承喜	男	1977 年	自主创业办厂（具体不详）
上龙屯	甘继叶	男	1974 年	餐饮业（具体不详）
上龙屯	梁孔德	男	1962 年	承接工程（具体不详）
上龙屯	周世芬	男	1958 年	兰州市农业银行运钞大队长
上龙屯	甘少松	男	1937 年	博白县石油公司经理
上龙屯	萧德才	男	1960 年	贵港市中国人民银行保卫科科长
双井屯	戴子龙	男	1972 年	广东省深圳市锦发运通五金制品有限公司总经理
双井屯	戴子辉	男	1974 年	贵港市钰满堂百货超市老板
双井屯	戴永灵	男	1976 年	贵港市顺辉瓷砖总代理商
双井屯	戴春凤	女	1958 年	贵港市伟昌铝材总代理商
护龙屯	黄世东	男	1961 年	贵港市朝东刨板厂老板
护龙屯	岑永欢	男	1970 年	贵港市通泰运输集团股份有限公司教练
护龙屯	陈达堂	男	1969 年	贵港市展力木业有限公司老板
护龙屯	张永富	男	1969 年	贵港市港北区永富百货商行老板
护龙屯	张瑞成	男	1978 年	贵港市港北区张瑞成水产经营部老板
护龙屯	张永创	男	1976 年	广州劲达体育设施有限公司经理
护龙屯	陈振杰	男	1968 年	广西贵港农村商业银行股份有限公司主任
护龙屯	陈定生	男	1981 年	容县返寻味酸菜鱼店经理

第三节 文教、卫生、科技界人员名单

表 5－3 龙进村文教、卫生、科技界人员

所在地	姓名	性别	出生年份	（曾）任职单位、职务
上龙屯	甘少楷	男	1943 年	龙井小学教师
上龙屯	萧珊	女	1984 年	郁林路小学教师
上龙屯	宁丽清	女	1978 年	龙井村医师
上龙屯	萧婕	女	1983 年	中国人民解放军一九一医院护士
上龙屯	萧礼桂	女	1989 年	贵港市人民医院急救中心主管护士
双井屯	温志芬	女	1972 年	奇石乡奇石中心小学教师
双井屯	戴金丽	女	1996 年	桂平市石龙镇五狮村五狮小学教师
护龙屯	陈杰	男	1959 年	广西工商贸易学院院长
护龙屯	陈朝勤	男	1968 年	龙井小学教师
护龙屯	陈良斌	男	1964 年	龙井小学教师
护龙屯	吴丽容	女	1965 年	龙井小学教师
护龙屯	陈庆森	男	1942 年	龙井小学教导主任
护龙屯	陈恩光	男	1948 年	龙井小学教师
护龙屯	陈汉雄	男	1955 年	龙井小学教师
护龙屯	陈少慧	男	1935 年	龙井小学教师
护龙屯	陈新才	男	1951 年	龙井小学教师
护龙屯	陈继孙	男	1941 年	龙井小学校长
护龙屯	黄福寿	男	1948 年	龙井小学教师
护龙屯	陈宝光	男	1949 年	龙井小学校长
护龙屯	黄仙宝	男	1951 年	龙井小学校长
护龙屯	陈文彪	男	1924 年	龙井小学校长
护龙屯	陈继孙	男	1905 年	龙井小学校长
护龙屯	张瑞源	男	1946 年	龙井小学教师
护龙屯	陈振豪	男	1967 年	港北区高级中学教师
护龙屯	陈进光	男	1972 年	贵港市民族中学教师
护龙屯	陈达盛	男	1975 年	电器维修技术员（具体不详）
护龙屯	陈克炎	男	1973 年	港城街道六八小学党支部书记、校长
护龙屯	陈克泉	男	1975 年	港城街道葛民小学教师

（续上表）

所在地	姓名	性别	出生年份	（曾）任职单位、职务
护龙屯	陈克杰	男	1979 年	贵港市贵糖高中教务处副主任
护龙屯	陈克俭	男	1972 年	港北区中里乡民族中学教师
护龙屯	陈良云	男	1972 年	港北区高级中学教师
护龙屯	陈达初	男	1974 年	港城街道中心小学主任
护龙屯	黄健梅	女	1978 年	中山小学教师
护龙屯	陈爱姐	女	1972 年	港城街道中心小学教师
护龙屯	陈小英	女	1992 年	樟村小学教师
护龙屯	张静兰	女	1994 年	港城街道中心小学教师
护龙屯	陈丽园	女	1969 年	港北一中教师
护龙屯	陈丽嫦	女	1981 年	港北区武乐胜岭小学教师
护龙屯	岑金丽	女	1981 年	港城街道葛民小学教导处副主任
护龙屯	黄康贵	男	1988 年	贵港市港北区大圩镇第一初级中学教师
护龙屯	黄银娇	女	1988 年	奇石乡初级中学教师
护龙屯	黄雪娇	女	1986 年	湛江第一中学教师
护龙屯	陈海琼	女	1969 年	港城街道中心小学教师
护龙屯	陈叙述	男	1989 年	贵港市白云职业技术学校教师
护龙屯	陈清宇	女	1994 年	覃塘大岭初级中学教师
护龙屯	陈珍珊	女	1995 年	清远市小学教师（具体不详）
护龙屯	陈家泽	男	1996 年	广西艺术学院教师
护龙屯	苏丽	女	1982 年	港北区荷城小学教师
护龙屯	陈颖燚	女	2000 年	江南中学教师
护龙屯	陈秋仪	女	2000 年	南加州大学学生
护龙屯	陈鋆	男	1989 年	哥伦比亚大学研究生
护龙屯	张永锋	男	1979 年	龙井村医师
护龙屯	黄茸超	男	1983 年	龙井村医师
护龙屯	黄辉	男	1979 年	龙井村医师
护龙屯	张瑞贤	男	1945 年	龙井村医师
护龙屯	李媛	女	1978 年	中国人民解放军一九一医院护士
护龙屯	陈丽因	女	1996 年	港北区人民医院护士
护龙屯	黄冬奎	女	1986 年	贵港市人民医院住院部护士
护龙屯	张丽勤	女	1980 年	贵港市人民医院护士
护龙屯	黄冬丽	女	1984 年	广东省廉江市妇幼保健院护士
护龙屯	黄毅	男	1983 年	崇左市人民医院主任医师
护龙屯	张丽庚	女	1981 年	贵港市人民医院护士

（续上表）

所在地	姓名	性别	出生年份	（曾）任职单位、职务
护龙屯	陈斌	男	1991 年	贵港市动车调度员
护龙屯	陈恩国	男	1971 年	东莞市电子工程师（具体不详）
护龙屯	陈达盛	男	1975 年	佛山市电力机械设备技术员（具体不详）
护龙屯	陈创利	男	1988 年	深圳市机械工程师（具体不详）

第四节　劳动模范、先进人员名单

表 5－4　龙井村劳动模范、先进人员

姓名	性别	出生年份	荣誉或主要事迹	授予单位
甘继荣	男	1970 年	助人为乐先进个人	龙井村党委
周福光	男	1961 年	乡村治理先进个人	龙井村党委
覃远娇	女	1982 年	民族团结先进人物	龙井村党委
萧承泽	男	1963 年	乡村致富先进人物	龙井村党委
梁丽珍	女	1967 年	民族团结先进个人	龙井村党委
梁爱月	女	1966 年	民族文化先进个人	龙井村党委
岑引丽	女	1967 年	港北区人大代表	龙井村党委
李美珍	女	1957 年	优秀共产党员	龙井村党委
甘继龄	男	1957 年	优秀共产党员	龙井村党委
梁世文	男	1954 年	优秀共产党员	龙井村党委
戴书明	男	1964 年	荣获“贵港市十星级文明户”	贵港市文明办
戴书恒	男	1938 年	荣获“贵县优秀共产党员”称号	贵港市委
陈喜志	男	1959 年	港北区党代表、人大代表、优秀共产党员	港北区党委、人大代表
陈进善	男	1968 年	优秀民兵营长	港北区武装部
钟燕桃	女	1978 年	港北区文明家庭	港北区文明办
陈建明	男	1962 年	优秀共产党员	龙井村党委
梁幼莲	女	1974 年	民族团结进步先进个人	龙井村党委
刘美娇	女	1973 年	文明户	龙井村党委
陈建国	男	1945 年	书香家庭	港北区文明办
陈达雄	男	1982 年	文明户	港北区文明办
陈进善	男	1986 年	九星级文明户	港北区文明办
陈伟	男	1985 年	九星级文明户	港北区文明办

第五节　山歌队人员名单

表 5－5　龙井村山歌队人员

所在屯	姓名	性别	出生年份
上龙屯	梁丽珍	女	1967 年
上龙屯	梁爱月	女	1966 年
上龙屯	刘月球	女	1970 年
上龙屯	萧礼平	女	1966 年
上龙屯	荣育英	女	1964 年
上龙屯	萧信文	男	1952 年
上龙屯	甘守华	男	1964 年
上龙屯	萧承球	男	1961 年
上龙屯	梁绍强	男	1954 年
上龙屯	卢丽英	女	1970 年
上龙屯	韦初兰	女	1962 年
护龙屯	梁幼莲	女	1974 年
护龙屯	陈建明	男	1962 年
护龙屯	陈建军	男	1969 年
护龙屯	陈忠英	男	1964 年
护龙屯	陈皓强	男	1952 年
护龙屯	陈振显	男	1964 年
护龙屯	黄达升	男	1965 年
护龙屯	陈建全	男	1962 年
护龙屯	陈喜强	男	1961 年
护龙屯	陈昶华	男	1960 年
护龙屯	陈念信	男	1950 年

第六节　师剧队人员名单

表 5－6　龙井村师剧队人员

所在屯	姓名	性别	出生年份
上龙屯	萧信文	男	1952 年
上龙屯	萧承球	男	1961 年
上龙屯	萧友全	男	1938 年
上龙屯	梁世文	男	1954 年
上龙屯	萧礼平	女	1966 年
上龙屯	梁丽珍	女	1967 年
上龙屯	刘月球	女	1970 年
上龙屯	荣育英	女	1964 年
上龙屯	周月花	女	1964 年
上龙屯	周月清	女	1962 年
上龙屯	萧信国	男	1950 年
上龙屯	梁世强	男	1956 年
上龙屯	甘庆光	男	1954 年
上龙屯	梁绍强	男	1954 年

第七节　“壮族哭嫁歌”传承人名单

表 5－7　龙井村“壮族哭嫁歌”传承人

所在屯	姓名	性别	出生年份
上龙屯	梁丽珍	女	1967 年
上龙屯	梁爱月	女	1966 年
上龙屯	刘月球	女	1970 年

附　录

龙井村委办公楼捐资榜

功德碑：功在当代千秋颂，德留青史万代扬。

壬辰硕金秋，新村委落成。欣施国政策，喜播党心声。路线方针好，万民击掌迎。办公楼筹建，资金欠丰盈。谢各界人士，欢解囊助成。高尚之品格，实在是光荣。兹刻碑纪念，千秋扬美名。

龙井村委会

2012 年 11 月

捐赠人名单如下：

广西工商贸易学院：陈　杰 1000 元

桂林市工商联：梁世辉 500 元

自治区粮食局：陈建成 800 元

港南区政协：张瑞明 800 元

港北区委政法委：陈恩涛 500 元

港南区交通局：戴秋香 300 元

崇左市人民医院：黄　毅 208 元

港北区中里派出所：张振荣 300 元

贵港市锦隆砖厂：黄锦文 5000 元

贵港市北控水务有限公司江南水厂 500 元

贵港市鸿兴铝材总经销：戴春凤 1000 元

贵港市中强木业：黎汉成 1000 元

港城信用社棉村分社：岑引能 500 元

富岭村岭头屯：黄书伟 500 元

贵城镇三合村：黄炳良 500 元

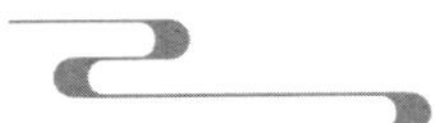

黄练镇包山老板：黄运政500元　黄世云500元

中国人民银行贵港市分行：萧德才200元

棉村桂塘屯：韦海荣200元

蓝田村岭脚屯：何宝贵200元　梁　花200元

木片厂：李晓平300元　黄桂健300元　黄进红300元　郑南队200元　熊柏幼200元　黄江平200元　黄佩甜200元　赵志练200元　黄如杰200元　陆　飞200元　韦善满200元　熊智锋200元　陈婉琼200元　何梦飞200元

大圩镇东塘村：戴亚有200元

蓝田村岭脚屯：何宝光100元

富岭村罗岭屯：刘福强100元

富岭村岭头屯：黄书益100元

根竹乡高岭村：李绍富100元

贵港市养殖户：黎　涛100元　梁建钢100元

庆丰镇谷塘村：甘彩莲100元

本村村民：黄世东800元　陈昶能650元　陈喜志500元　李美珍500元　甘继龄500元　梁孔明500元　陈达棠400元　陈建新300元　陈龙贵300元　萧飞营300元　黄光平300元　黄世金300元　周　理300元　周福光300元　戴书明300元　戴仕标300元　戴信悠300元　萧友全300元

（其他）捐200元名单：陈庆高　陈建国　萧群花　梁建宝　戴国强　陈建扬　陈喜亮　萧德良　梁世强　戴书选　陈作梯　萧承球　黄晓云　梁世文　戴国昌　陈克炎　萧承泽　甘继荣　萧承仕　戴任香　陈迎建　萧信文　覃爱娟

梁标全150元　甘汉树150元　甘汉木150元　黄福宝118元

（其他）捐100元名单：陈振业　陈运安　陈念勤　萧永晓　萧家驹　陈振秀　陈恩荣　陈忠英　萧学全　萧友强　陈恩镰　陈汉升　陈振伟　萧承鑫　萧承健　陈启昌　陈喜敬　陈建东　萧家驯　萧家骥　陈建初　陈恩扬　陈建明　萧承烈　萧昶旺　陈多寿　陈皇宇　陈良峰　萧雪燕　萧信国　陈进成　陈喜强　陈新业　萧信华　萧承和　陈德勤　陈定生　陈昶华　萧昶兴　萧照建　陈宝光　陈建盛　陈继兆　萧永益　萧德山　萧德业　甘继枝　梁佳平　戴耀雄　戴书荣　萧德强　甘海强　梁孔和　戴贵仁　戴书周　萧承荫　甘庆光　梁孔德　戴国欢　戴群香　萧　俭　甘继叶　梁　宇　戴书恒　戴富香　黄世龙　甘汉平　梁进林　戴燕君　戴华香　黄世新　甘　朋　梁丽珍　戴日强　戴水香　黄　辉　甘新荣　梁海林　戴永才　戴兰香　黄永祥　甘继雄　梁丽群　戴永升　戴柏香　黄福寿　甘继文　韦宝林　戴永欢　戴其香　黄世明　甘建良　韦宝辉　戴春华　戴建香　黄晴炎　甘守华　韦金锋　戴云生

戴来香　黄达明　甘觉图　张瑞宁　戴子信　戴柳香　黄秀梅　周　礼　戴书生　戴运香　黄康庭　周福朝　苏克英　戴书球　戴圣香　黄仙宝　周福金　萧承延　戴家金　戴小香　黄秋兰　周昆宁　覃欢兰　戴家鸿　戴福香　甘少楷　周昆俭　戴月照　戴耀辉　戴荣香　甘干德　周建森　戴书清　戴月朝　戴锦香　甘庆才　周　卫　戴志嵩　戴庆鹏　戴林香　甘海坚　周　权　戴永侨　戴庆华　戴庭香　甘守治　周先强　戴仕雄　戴庆新　甘早寒　梁世用　戴月伦　戴君龙

龙井村文化活动中心捐资功德碑

己亥硕金秋，国强民无忧。
老仍有所乐，喜建活动楼。
虽政府项目，资金欠缺口。
村干够热心，捐资来带头。
村民献爱心，集腋就成裘。
蒙各界人士，欣将善款投。
高尚善品格，实堪称一流。
兹刻碑纪念，美名扬千秋。

（陈宝光撰诗）

筹委会名单

龙井村党委书记：陈喜志
龙井村委主任：萧承泽
龙井村委成员：戴书明　陈庆高　钟燕桃　周福光
组　　　　员：张寿强　张瑞斌　陈恩杰

龙井村文化活动中心
2019 年 11 月

筹资名单如下（单位：元）：

黄世东 5000　陈建成 5000　黄世金 5000　陈长万 3000　张永富 2500
陈龙贵 2500　黄康兆 2000　棉村：农德志 2000　陈达升 1500　陈达中 1500
陈少锋 1220　陈恩涛 1210　陈恩艺 1210　陈达堂 1105　张瑞斌 1018
张寿强 1000　张瑞良 1000　张瑞成 1000

张振荣 1000　科达公司 1000

木板厂：潘永便 1000

张瑞宁 512　张瑞壮 512　黄康庭 500

陈喜志 500　周福光 500　钟燕桃 500

木板厂：何维锋 500　覃顺文 500　黄如杰 500　韦建立 500　韦善满 500　莫振逢 500　郑南队 500　张瑞健 500

龙山吉龙村：韦招孟 500

山北：蓝　遣 500

奇石：韦伟华 500

丰盛果园：覃继学 500

张瑞仕 500　张瑞康 500　陈良侠 500　黄世海 500　陈裕雄 500　岑永照 500　陈建盛 500　陈伟华 500　陈新才 500　陈创新 500　陈婉芝 500　张永锋 500　张瑞新 500　张永海 488　陈达朝 456　陈恩杰 450　陈恩和 450　陈少海 448　陈少才 448　张永创 400　张瑞忠 384　陈恩眉 384　陈恩健 384　陈达勇 356

福龙村：覃广泽 300　张瑞进 300　岑永欢 300

岑永红 300　陈振宁 300　张瑞金 300　张瑞伦 300　岑永权 300　陈婉凤 300

陈炳伟 300　陈炳强 300　陈婉秀 300　张永升 300　陈裕升 300　陈安龙 300

陈宏东 300　岑永佳 300　张永权 256　张瑞国 225　张瑞胜 225　张寿春 225

陈建国 200　陈恩镰 200　陈迎建 200　陈达东 200　陈达显 200　陈达庆 200

陈达盛 200　陈达旺 200　陈达茂 200　陈达生 200　陈恩光 200　陈达福 200

陈达俊 200　黄世京 200　萧承泽 200　戴书明 200　陈庆高 200　甘继龄 200

街道办：黄志莲 200　龙山新村：覃余设 200　龙山新村：覃定安 200

陈达仕 200　陈宝光 200　黄光平 200　张振耀 200　黄福寿 200　黄　辉 200

陈壮强 200　周雪芬 100　张爱良 100　刘美娇 100　蒙福欢 100　覃结惠 100

刘德寅 100　甘　引 100　陈达初 100　陆凤玉 100　谢海青 100　覃秀丽 100

韦惠荫 100　李爱兰 100　韦结奎 100　黄燕柳 100　林进凤 100　农炳芳 100

陈念全 100　黄靖琰 100　黄靖凯 100　陈汉豪 100　张森英 100　陈锐锋 100

韦卓顺 100　陈婉联 100　陈聚明 100　陈汉升 100　陈汉达 100　黄秋兰 100

张芳万 100　张方阳 100　张方前 100　陈婉琼 100　陈达宇 100　陈汉雄 100

陈聚权 100　陈　琦 100　张芳勇 100　张芳猛 100　陈婉珍 100　马陈琼 100

陈达丰 100　黄康杰 100　黄泓越 100　黄泓锦 100　陆美红 50　韦秀结 50

覃连花 50　何少群 50　刘英球 50　郑秋莲 50　卢桂兰 50　覃　梅 50

陆金丽 50　覃新兰 50　蒙卫仙 50　韦美球 50　黄爱银 50　陆彩杨 50

卢秀明 50　苏结新 50　李海英 50　陆品健 50　陆彩葵 50　张瑞龙 50
张永华 50　张永堂 50　张安光 50　张安雄 50　刘结美 50　吴丽容 50
陆彩彬 50　韦惠芬 50
陈柳燕 300　陈建东 200　胡凤琴 100　黄世龙 100

北环龙井路口至上龙屯水泥路捐资功德碑

岁值庚寅，金风送爽，虎年虎劲虎生威，又是丰稔年，此时此际为了更好地发展农村经济，我村修建了北环龙井路口至上龙屯水泥路。此项工程除市政府及村委拨款扶持外，还在村支书甘继龄及主任陈喜志的号召下，得到了村民及外界人士的鼎力赞助，使工程如期竣工。路通财通，捐资者功德无量，特勒碑记之，以启后贤。

注：特请颍川宝光校长撰文、广西书法家刘守承书刻。

龙井村委会
二○一○年十月十八日

附捐款名单及金额：

捐 12575 元：黄锦文
捐 6000 元：黄运政
捐 1000 元：韦善满　郑南队　雄锋板厂　桂鑫板厂
捐 500 元：甘继龄　李美珍　黄世东　韦武侠　韦　裕　熊爱贵　熊柏幼　黄　宁
黄光平　黄知杰　莫振逢　黄佩甜　韦小波
捐 300 元：梁世文　陈喜志　梁孔和　梁孔明
捐 250 元：熊永飞　卢德伟
捐 200 元：戴仕标　周福光　甘继荣　萧承泽　萧承仕　萧承鑫　梁孔德
陈喜亮
捐 100 元：周　理　刘福强　甘汉树

捐88.8元：萧友全

捐68.8元：萧家驹

捐50元：萧承烈　萧绍松　萧以周　萧承健　甘少楷　甘庆才　李绍富　陈启昌
陈建国　张永海　张健新　张健毓　萧家骥

双井屯至北环路交通道路修建共识

龙井村双井屯至北环路交通道路于2010年动工兴建，于2013年7月11日竣工使用，该路全长1.8公里（包括砌边坡石、填路基、压路面、硬化水泥路及修建碑桥一座），总投资126.1万元，其中港北区交通局扶持3万元，港北区新农办3万元，港北区扶贫办2万元，政府“一事一议”奖补68.3万元，群众集资33.4万元，社会各界人士捐款16.4万元。

总　指　挥：庞雄伟（港城镇党委书记）
李　杨（港城镇政府镇长）

主　　　管：甘继龄（龙井村党支部书记）
陈喜志（龙井村委会主任）

成　　　员：黄世东（副支书）　李美珍（妇女主任）
戴书明（治保主任）　戴仕标（农业总技术员）
黄秋兰（团支书）
戴土生　戴国欢　戴华香　戴圣香　戴仕文
戴永侨　戴伟香　戴耀雄　戴柳香　戴国良

桥梁总设计：戴秋香

项目实施：道路筹建小组

理财小组：戴任香　戴书选　戴柏香

监事小组：戴仕雄　戴群香　戴进香

龙井村双井屯至北环路交通道路筹建小组
2013年7月11日

功德碑

功在当代千秋颂，德留青史万代扬。

金蛇庆丰年，道路已竣工，欣施国政策，喜播党惠民，路线方针好，万民击掌迎，道路在筹建，资金欠丰盈，谢各界人士，欢解囊赞助，高尚之品德，实在是光荣，兹刻碑留念，千秋扬美名。

龙井村双井屯至北环路交通道路筹建小组

2013 年 7 月 11 日

双井屯灯光篮球场修建共识

功德碑

双井屯美丽富饶，民风淳朴，今逢盛世，感恩众戴家兄弟慷慨捐助，齐心协力，于 2019 年 3 月初动工兴建 5 组灯杆，总投资 1.3 万余元，于 3 月底竣工。如今灯火通明，强身健体，为彰显精神，传承美德，勉励后人，刻碑铭记，赞功臣，彰其德，共建家园，再创辉煌。

双井屯重建祖祠功德碑

吾先祖维袖公自广东东莞高排村迁居于此，世居钟灵毓秀、人杰地灵的双井屯。先祖勤劳耕织，厥各绵长，后裔子孙英才辈出。始于清初年间开基筹建戴氏祖祠，分上、中、下三厅，历经三年，季冬告竣，土木结构，藻彩华丽。原老祠堂距今已有二百余年，历经沧桑风雨，荡然残缺无全，亟待重建。

先辈之恩，祖宗之德，重建祖祠，儿嗣当报。我们责无旁贷，义不容辞，激发后代，奋发图强。经后裔子孙合族会议讨论，一致赞成拆除旧祠，重建三厅祖祠，并推选筹建祖祠理事会成员，分工司事，不辞辛劳，奔走筹资。于二〇二〇年农历七月初六日兴工动土兴建祖祠，建筑面积一千多平方米（包括附房），全屯人口六百多，每人筹资两千多元；屯集体资金，各界人士慷慨解囊捐资。经过九个多月的艰苦努力，总耗资两百多万元的祖祠得以圆满完工，于二〇二一年农历四月初二日仲夏告竣。整体为钢筋水泥结构，高甍巨桷，龙凤呈祥，大门受敕匾额高悬，熠熠焕彩，气象宏伟，从此春秋谒祖，礼仪肃然。

今戴氏“注礼堂”维袖公祠堂圆满落成，感谢筹建理事会成员热心支持祖祠建设，感谢族人、各界人士赞助，其功可嘉，特树功德碑记其芳名，流芳百世。

祝愿本家族子孙丁财两旺，荣华富贵，和睦安康，兴旺发达，洪福齐天。

重建祖祠理事会会长：戴任香

成员：戴书明　戴书选　戴仕雄

戴月伦　戴群香　戴伟香

戴土生　戴书旺　戴永明

工程设计：戴雪光

质量检查：戴忠南

公元二〇二一年岁次辛丑仲夏谷旦

陈氏义兴堂祖屋修缮共识

义兴堂是贵港护龙陈氏有耀堂（国纬公）长孙房士琬公故居。俗话说：树大分枝，儿大分家，此乃自然规律。随着义兴堂宗支的衍展，裔孙陆续分流乔迁新居，直至20世纪80年代，祖屋逐渐空置无人打理，成为堆放杂物的场所，由于年久失修，祖屋严重破损，雨天漏水，不少檩木椽子阁楼渐渐腐损，局部非原墙墙体崩塌，严重危及祖屋精美的艺术壁画及屋檐、屋脊、照壁等精雕细琢的装饰物原样的存续。面对祖屋日趋破损的状况，本堂建初、建华、建国三位长兄及叔伯父老力遵祖嘱，于2011年清明节适时提出修缮祖屋、统一管理的倡议，并成立“义兴堂祖居修缮理事会”组织修缮工作，本堂叔伯兄弟姐妹男女老少纷纷积极响应，群策群力，集资捐款，使祖屋于2012年得到了很好的修缮，并且按修缮的策划要求，基本保留和恢复了祖屋的原貌。祖屋修缮流芳千古，保护古民居历史文物的义举成为堂内堂外村内村外干部群众的心愿和共识。

祖屋建造于清代乾隆盛世中期至嘉庆前期，历时两代人，建设时间持续了30～40年，至今约有260年历史。先前陈氏有耀堂祖屋及祠堂，建筑规模庞大、宏伟壮观，东西绵延约一里，占地面积约3公顷。东为陈氏祖祠大祠堂，向西接连有四幢二进合院式厢房，是典型的粤式风格古民居建筑。整体建筑坐北朝南，门前结合自然地势及水源流向自西向东修造一条盘延玉带水道。村前有一条自然盘曲东流的江河，沿水流至文笔处建造有一座与原有陈氏祖祠相呼应的文笔塔，相传是作为风水吉镇，可谓风水典藏！有耀堂祖屋的整体建筑群中，陈氏祖祠坐落于东南位，义兴堂坐落于西北位。

幽幽庭院，岁月沧桑，在盗贼横行内忧外患日寇侵略的年代，祖屋曾局部被纵火烧损和践踏，更由于历史原因，因人们对历史古建筑文物保护的意识薄弱与无知，原有耀堂古建筑物已经大部分被拆毁，现存续下来的祖屋仅有三幢二进合院式厢房，其中义兴堂是现存较完整的一幢，其规模仅相当于原有耀堂祖屋及祠堂规模的十分之一左右。

祖屋建筑结构严谨、错落有致、雕梁画栋、檐边彩绘，使古民居建筑群显得庄重、美观、大方。照壁墙头雕砌生动的飞禽走兽、跃水游鱼、丰登五谷、长青古松以及祖屋在通风、采光、排水、防火处理上的独具匠心、以物造物、以物寓情、古风幽然，无不体现祖辈们在人文思想、建筑风格、生态系统等方面人与自然的和谐完美结合和对美好生活的创造与追求。古屋构造的一砖一石一瓦一木一雕一画一景一色……都代表了先祖们劳动创造的结晶和智慧，它能勾起人们对历史的追忆，勾起人们对大自然的造化和人类巧夺天工的崇敬和热爱。

陈氏宗亲源远流长，人才辈出，业绩卓著。远祖陈胡公衍至第 79 代崇礼公，生于浙江天台，由宋进士仕宦闽、桂、粤，出任广东雷州府通判，为粤桂始祖第一代；崇礼公衍至第 13 代魁文公由陆川迁居贵港护龙，为护龙第一代开基始祖；魁文公在护龙衍展至第 10 代，护龙陈氏开始分为四大家，俗称“四有堂”（有余堂、有耀堂、有庆堂、有翼堂），各自发展事业。

护龙陈氏古民居为有耀堂国纬公及其儿子广祥公两代人兴建，相传当时所用的石墩、石柱、石门、青砖、铜瓷瓦、木材等建筑材料都是从广东购买运回。在当时交通运输条件极为艰难的情况下，尤其在当时没有机械作业的条件下，建造这样宏伟、壮观、精美的古屋及祠堂，其艰苦状况可想而知！其人力、物力、财力耗资之大也难以估料！有关当时祖屋建设的资金来源，由于没有找到文字记载，我们无法确凿考证，相传是国纬公之祖父念权公于 18 世纪 30 年代初期就远赴南洋（新加坡）创办实业，经营棉纱布匹；之后国纬公、广祥公父子两代都才智高凌，远赴南洋、香港置业发展，经营布匹、棉纱等，很可能是通过这几代人的勤劳努力，为护龙陈氏古民居的建设打下坚实的经济基础。

祖辈们志存高远、胸怀坦荡、善行义举、兴家兴邦，他们致富心系济困，当时交通条件恶劣，他们常常慷慨出资修桥补路，修建码头，便于百姓出行，如今贵港古迹尚存的大东码头、江南码头便是护龙始祖魁文公第 12 代孙士琬公这一代修建的，祖辈们的爱心义举，在贵港久负盛名，“护龙陈”之名在贵港当地家喻户晓。

本家堂自魁文公开基以来，涌现了许多知名人士，陈国纬清学院科考一等第十名；陈士琬清州同加二级；陈士玚前清例授承德郎；陈士瑶前清监生；陈士琠清代武生；陈现农清代庠生；陈象贤前清邑庠生；陈庆云前清六品军功监生；陈蕃禧前清附贡；陈应昌前清六品官；陈应禧日本留学，任两广财务总经理；陈万禧桂林优级师范毕业；陈希贤庠生加五品军功；陈文正清华大学毕业，任香港丰华电池厂总经理；陈文告任职于郭北团局，陈文选清华大学毕业，贵县城北统领；陈文宝毕业于黄埔军校第一期，任营长；陈文豪任黄埔军校第六期少校教练官（曾参加黄花岗起义）；陈文衡任兴业县警长；陈文炎任教北京财政（按：中央税务学校，中央财经大学前身）；陈文尉桂林法政大学毕业。现今仍门第延续，如：

陈树珍：广西壮族自治区卫生厅妇幼卫生处处长，曾获“宋庆龄樟树奖”“全国妇幼卫生先进工作者”“全国妇女儿童权益维护先进个人”等荣誉。

陈建成：大学本科/学士学位/工程师，广西壮族自治区粮食局，广西保健养生学会常务理事，自主创立南宁丞婴医学科技有限公司，为董事长兼总经理，曾到欧美和东盟及中国港、澳、台等国家和地区进行考察、学习和交流，曾获 PerkinElmer 国际机构授予“健康筛查突出贡献奖”。

陈建合：毕业于广西民族大学，大学本科/学士学位，南宁市第十九中学教师，曾任自治区区直东罗矿务局一中校长，后聘调南宁市第十九中学，获南宁地区“优秀校长”称号，被评为南宁市优秀骨干教师。

另外，还有一大批大中专院校毕业生如下：

陈玉华，广西民族师范学校（今广西师范学院）；陈建照，广西理工学院；陈晓林，广西财经学院（本科）；陈伟健，广西电子工业学院（广东中山欣凯电子厂助理工程师）；陈秋娇，广西桂林电子科技大学（本科）；陈伟术，广西桂林电子科技大学（本科）；陈丽华，广西大学（本科）；陈建毅，广西民族大学（本科）；陈耀民，广西大学（本科）；陈秋顺，广西大学外语专业；陈秋莉，广西卫生管理干部学院；陈秋谕，桂林医学院（本科）；陈伟子，广西工商职业技术学院；陈柳娇，广西师范学院；陈嘉冠，广西桂林科技大学（本科）；陈建宇，广西桂林航天学院；陈伟俭，广西桂林航天学院；陈伟榜，广西职业技术学院；陈仕忠，广西广播电视大学职业技术学院……

今天，我们修缮祖屋，缅怀祖德，敬重先祖的荣耀，敬重先祖曾经在历史上的辉煌，就是要激发我们的时代精神，激发我们的创造力和凝聚力，努力实现自己的梦想，也是我们共识的梦想！

这次义兴堂祖居修缮，得到了堂外各界友好人士的踊跃赞助支持，在此，义兴堂

全体家族深表谢意!

附:《义兴堂祖居管理公约》

1. 祖屋永远作为先祖有耀堂智慧及劳动成果的纪念,永远作为历史文物的保护和传承,任何时候任何人不得主张出卖、出租、转让、改造、拆除或私自占用。

2. 祖屋成立“义兴堂祖居修缮理事会”,理事会每5年换届,经选举可以连任,每届任期内负责组织对祖屋的检修及档案管理和传接。

3. 任何人任何时候不得在堂门外墙边、路边、空闲地带堆放杂物。

4. 祖屋实行轮流负责打扫清洁卫生,由护龙屯住户每星期轮值一次,每次两户同时进行。

5. 需要在祖屋操办红白喜事的,水费、电费谁办谁支出,不能拖欠,望全堂人共同遵守。

义兴堂祖屋修缮理事会

二〇一三年清明立

后 记

《传统与现代：贵港龙井村田野考察》的资料采集始于2018年，经过多年的调查和写作，如今终于付梓，实在是可喜可贺！与龙井村结缘已有20年，始于当年先父安葬于龙井村的后山，我时常前往拜祭，屡经龙井村，深切感受到村民的淳朴、坦率和热情，同时对龙井村的传统文化也颇感兴趣。后偶然认识上龙屯的梁晓兰（时任广西职业师范学院资助办主任），共同的研究爱好使我们俩成为莫逆之交，我们以姐妹相称。她经常与我分享村里的趣人趣事，从古到今，从村干部到村民，从生态环境到人文之美，带我品尝她父母亲手制作的芋头糕，一起翻看珍藏的《梁氏族谱》，陪我走访多位非遗传承人，还带我拜访村党委书记陈喜志……以上这些我如获珍宝。之后，恰逢我所在学院进行组稿活动，我第一反应就是要撰写有关龙井村的专著！当我道出该想法时，陈喜志书记拍手叫好，当场表示龙井村人定将极力支持与配合！梁晓兰也举手赞成，欣然加入我们的团队。就这样，在陈书记、晓兰妹妹的帮助下，我带着学生多次走访龙井村，不管严冬还是酷暑，许多村民遇到我们，便热情地主动打招呼："广西民族大学的师生又来调查了，这次打算住几天呀？"可见这份情感多么难能可贵！

本书坚持以事实说话，以村民口述、地方志、村委会提供的文字记录等翔实资料为基础，经过反复甄别、筛选和论证，尽量以简明、准确、通俗的文字展现龙井村的全貌，将其历史人文真实地展示给世人，让更多人，尤其是龙井村的后代了解龙井、热爱龙井，以龙井为荣，赓续建设龙井！

感谢梁晓兰！没有她的热忱与付出就没有本书的铺垫和灵感。回顾与她合作调研和写作的时光，我们总是配合得如此默契，她文笔细腻、思路清晰，对我的工作安排总是能高度配合和高效执行，因此，遇到这样的合作伙伴，我很荣幸和欣慰！

感谢陈喜志书记！大量的文字记录、图片收集、山歌翻译、个案访谈等琐碎工作，他从不厌烦，始终微笑、倾力地提供帮助，他的率真、善良，对村落事业的热爱与执着，对村民的关爱与帮助，让我深刻体会到一名村干部的平凡和伟大！此外，还有钟燕桃、覃远娇、戴书明、黄秋兰、萧承泽、陈进善、陈达雄、周福光、张瑞进等一线村干部热情地配合我们的工作，尤其是妇联主席覃远娇，只要跟她提缺了哪些材料或图片，她都会在百忙中想方设法地满足我们的需求。我在想，是乡村情怀支撑着他们的勤劳、努力与付出！尽力写好本书，或许是对他们最好的感谢。

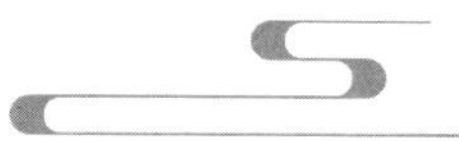

感谢广西民族大学民族学与社会学学院的杨婕、方春鹏、劳学艺、杨朋朋、秦祥敏、李金敏、梁瑞琪、覃如蓝等同学的全程参与！他们全身心地投入长期、繁杂的工作中，本书有他们一份功劳！在调研和写作过程中，我对他们的要求有时过于苛刻，在本书收官之际，我甚至觉得有些愧对他们，毕竟他们还是学生，还是没有真正走进社会的孩子。所幸他们的科研精神和实践能力有了明显的提升，希望他们日后有机会能继续深造，为社会学学科发展添砖加瓦。

最后感谢龙井村全体村民，有了他们的积极配合与帮助，本书的撰写才得以完成！其中，萧德荣、梁建宝、周昆俭、甘继龄、陈少锋、陈建国、陈宝光、黄仙宝、黄世东、张瑞斌、岑永欢、戴任香等多位村民为我们搜集族谱跑前忙后、任劳任怨，让我们感动不已；感谢暨南大学出版社热心细致的编辑，为本书的出版花费了心血、贡献了才识；感谢广西民族大学民族学一流学科项目的资金支持；感谢我家人的人力、情感支持，让我能安心写作。

由于水平有限，本书难免存在一些纰漏，敬请读者谅解和更正。谢谢！

黎 莹
2025 年 2 月于相思湖畔